La Respuesta de Dios a tus Relaciones y Emociones

Kay Arthur

LA RESPUESTA DE DIOS A TUS RELACIONES Y EMOCIONES

ISBN 978-1-62119-179-7

2017 Edición Estados Unidos

Contenido

ᔇᔇᔇᔇ

CÓMO EMPEZAR...

ᏬᏬᏬᏬ

Puede ser tentador omitir esta parte del libro y apresurarte a comenzar tu estudio. Te entendemos, pero ¡no lo hagas! En este caso, esta breve sección es de incalculable ayuda para comprender cómo hacer el estudio. Estas instrucciones son parte integral del estudio y serán de gran ayuda.

PRIMERO

Para hacer este estudio necesitarás además del libro, cuatro herramientas:

1. Una Biblia. Te recomendamos la *Biblia de Estudio Inductivo*. Esta Biblia es ideal para este estudio ya que tiene tamaño de letra fácil de leer e ideal para marcar. Los márgenes son amplios y en blanco para tomar notas, el papel es de muy buena calidad y cuenta con muchas ayudas para el estudio.

La Biblia de Estudio Inductivo es única entre las Biblias de estudio, ya que cuenta con instrucciones para estudiar cada libro de la Biblia, pero no contiene ningún comentario sobre el texto. La Biblia de Estudio Inductivo no es un compendio de ninguna postura teológica en particular, ya que su propósito es enseñarte a discernir la verdad por ti mismo, a través del método de estudio inductivo. Estudio Bíblico Inductivo simplemente significa que la Biblia misma es la fuente principal de estudio. (Los varios cuadros y mapas que encontrarás en esta guía de estudio, son tomadas de la Biblia de Estudio Inductivo).

Cualquier Biblia que utilices, debes saber que necesitarás marcarla, lo que nos lleva a lo segundo que necesitarás.

2. Un juego de bolígrafos de diferentes colores que puedes comprar en cualquier librería, para marcar tu Biblia.
3. Un juego de lápices o marcadores de colores.
4. Un cuaderno para hacer tareas y anotar tus observaciones.

SEGUNDO

Recibirás instrucciones específicas para el estudio de cada día; sin embargo, enumeramos a continuación algunos pasos básicos que necesitarás seguir al estudiar cada libro, capítulo por capítulo. Obsérvalos pero no te sientas abrumado, con el tiempo se convertirán en un hábito.

1. Mientras lees cada capítulo, trata de hacerte estas seis preguntas básicas: ¿Quién? ¿Qué? ¿Cuándo? ¿Dónde? ¿Cómo? ¿Por qué? Preguntas como éstas te ayudarán a entender claramente qué está diciendo la Palabra de Dios. Cuando examines el pasaje, haz preguntas como éstas:

a. ¿De **qué** habla el pasaje?
b. ¿**Quién** o **quiénes** son los personajes principales?
c. ¿**Cuándo** ocurrió dicho acontecimiento o enseñanza?
d. ¿**Dónde** ocurrió?
e. ¿**Por qué** se hizo o dijo?
f. ¿**Cómo** ocurrió?

2. Hay ciertas palabras clave que deberás marcar de manera especial en el texto de tu Biblia. Para eso, usarás los lápices o marcadores de colores. Desarrollar el hábito de marcar tu Biblia de esta forma, cambiará tu manera de estudiarla y la medida de lo que recuerdes de ella.

Una **palabra clave** es una palabra importante que el autor usa repetidamente para transmitir su mensaje a los lectores. Encontrarás ciertas palabras o frases clave a través de todo el libro, mientras que otras estarán concentradas en capítulos o secciones específicos. Debes marcar de manera distinta las palabras clave y sus pronombres relacionados (*yo, tú, él, ella, nosotros, vosotros, ellos, ellas, mi, tu, su, nuestros, vuestros, sus,* etc.), así como sus sinónimos. Por ejemplo, una de las palabras clave en 1 Corintios es *evangelio*. Dibujamos un megáfono en color fucsia: sobre la palabra **evangelio** y luego la pintamos de verde. Utilizamos el megáfono, porque Dios dice que debemos proclamar el evangelio.

Necesitarás hacer una lista de colores para las palabras clave, de manera que, cuando veas una página de tu Biblia, inmediatamente identifiques dónde se usa una palabra en particular. Es posible que, cuando comiences a marcar las palabras clave con distintos colores y símbolos, te olvides cómo has marcado ciertas palabras. Por lo tanto, ayudará hacer una tarjeta donde estén escritas las palabras clave y el color que utilizarás para cada una de ellas. Podrás, además, usar esa tarjeta como separador en tu Biblia a medida que avanzas en el estudio de cada libro.

En 1 Corintios debes utilizar tu separador para encontrar ciertas palabras clave en el libro. También te daremos otras palabras clave que aparecen sólo en pasajes específicos. En 2 Corintios, las palabras clave son más específicas en capítulos o pasajes, que lo que son en todo el libro. Por lo tanto, te iremos dando las palabras clave a medida que avanzas en el estudio.

Marcamos la palabra *poder* de la misma manera a través de toda la Biblia. La coloreamos de rojo y luego dibujamos un cartucho de dinamita alrededor de ella: **poder.** Las referencias al diablo y sus huestes sobresalen, porque las marcamos con un tridente rojo: **Satanás.** La palabra *sabiduría* la coloreamos de rosado y luego la subrayamos con azul. Cuando marcamos *gloriarse* también lo hacemos en rosado, pero la encerramos en un recuadro verde.

Marcar las palabras para identificarlas fácilmente, puede hacerse con colores, símbolos o una combinación de ambos. Sin embargo, los colores son más fáciles de distinguir que los símbolos. De manera que, si utilizamos símbolos, tratamos que sean siempre muy sencillos. Por ejemplo, coloreamos la palabra *arrepentimiento* con amarillo y encima le ponemos una flecha roja, así: **arrepentimiento**. Este símbolo da la idea de arrepentimiento: un cambio de pensamiento.

Cuando marcamos los miembros de la Deidad (que no siempre lo hacemos), coloreamos con amarillo toda referencia al Padre, al Hijo y al Espíritu Santo. Además usamos una pluma púrpura y marcamos al Padre con un triángulo **Padre**, que simboliza la Trinidad. Las referencias al Hijo las marcamos así: **Jesús** y el Espíritu Santo así: **Espíritu**.

3. Debido a que los lugares geográficos son importantes en un libro histórico o biográfico de la Biblia, será útil marcarlos de una manera fácil de reconocer. Simplemente subrayamos toda referencia al lugar en verde, (la hierba y los árboles son verdes), utilizando un bolígrafo de ese color.

También buscamos en los mapas las referencias de lugar para ubicarnos en el contexto geográfico. Si tienes una *Biblia de Estudio Inductivo*, encontrarás los mapas cerca del texto bíblico para una referencia rápida.

Aunque los lugares no son esenciales para la comprensión de 1 Corintios, encontrarás que marcarlos en 2 Corintios te será de provecho.

4. Cuando termines de estudiar un capítulo, anota el tema principal de éste en el cuadro titulado PANORAMA GENERAL, junto al número del capítulo. Si tienes una *Biblia de Estudio Inductivo* deberás anotar los temas del capítulo en el PANORAMA GENERAL, al final de cada

libro en tu Biblia. De esta manera tendrás a mano un registro permanente de tus estudios.

5. Si estás haciendo este estudio con un grupo y encuentras las lecciones demasiado difíciles, haz sólo lo que puedas. Hacer poco es mejor que nada. No seas una persona de "todo o nada" cuando se trata del estudio de la Biblia. Recuerda que, cada vez que te acercas a la Palabra de Dios, entras en una lucha intensa con el enemigo. ¿Por qué?, porque todas las piezas de la armadura cristiana tienen que ver con la Palabra de Dios y nuestra única arma de ataque, es la espada del Espíritu que es la Palabra de Dios. El enemigo quiere que tengas una espada sin filo, ¡pero no se lo permitas!, ¡no tienes por qué hacerlo!

6. Siempre comienza tu estudio con oración. Al cumplir con tu obligación de usar la Palabra de Dios con exactitud, debes recordar que la Biblia es un libro divinamente inspirado. Las palabras que estás leyendo son verdaderas, dadas por Dios para que puedas conocerlo a Él y Sus caminos. Estas verdades han sido reveladas divinamente.

"Pero Dios nos las reveló por medio del Espíritu, porque el Espíritu todo lo escudriña, aun las profundidades de Dios. Porque entre los hombres, ¿quién conoce los pensamientos de un hombre, sino el espíritu del hombre que está en él? Asimismo, nadie conoce los pensamientos de Dios, sino el Espíritu de Dios." (1 Corintios 2:10,11).

Por lo tanto, pídele a Dios que te dé a conocer Su verdad y te guíe hacia ella. Él lo hará si se lo pides.

TERCERO

Este estudio está diseñado para mantenerte en contacto con la Palabra de Dios *cada día*. Puesto que no sólo de pan vivirá el hombre, sino de toda palabra que sale de la boca de Dios, todos necesitamos una porción diaria de ella.

Las tareas semanales cubren los siete días, sin embargo, el séptimo día es diferente a los demás; Aquí, el enfoque es sobre una verdad principal cubierta en la semana de estudio.

Encontrarás uno o dos versículos para memorizar y GUARDA EN TU CORAZÓN. Luego hay un pasaje LEE Y DISCUTE. Esto será de mucho provecho para aquellos que usan este material en una clase, ya que les permitirá enfocar su atención sobre una porción crítica de las Escrituras. Para ayuda personal a la clase, hay unas PREGUNTAS PARA LA DISCUSIÓN O ESTUDIO INDIVIDUAL seguido de un PENSAMIENTO PARA LA SEMANA, que te ayudará a entender cómo caminar a la luz de lo aprendido.

Cuando discutas la lección de la semana, asegúrate de apoyar tus respuestas y observaciones con la Biblia. Así estarás usando la Palabra de Dios de una manera aprobada por Él. Examina siempre tus observaciones e impresiones y analiza el texto cuidadosamente para ver lo que *dice*. Luego, antes de llegar a una conclusión de qué significa ese pasaje bíblico, asegúrate de haberlo interpretado a la luz de su contexto.

Las Escrituras nunca contradicen a las Escrituras. Si así lo pareciera, puedes estar seguro de que algo ha sido puesto fuera del contexto. Si consideras difícil de entender algún pasaje en particular, reserva tus interpretaciones para cuando puedas estudiarlo con mayor profundidad.

Los libros de la Nueva Serie de Estudio Inductivo son cursos de visión general o panorámica. Si deseas realizar un estudio más profundo de algún libro específico de la Biblia, te sugerimos un curso de estudio bíblico Precepto Sobre Precepto sobre ese libro. Puedes obtener más información sobre estos cursos, contactando a la oficina de Precepto en tu país.

PRIMERA DE CORINTIOS

RELACIONES Y EMOCIONES TRANSFORMADAS

Si das una mirada real, sincera y sin prejuicios a tu alrededor, te das cuenta que el hombre no tiene una solución permanente ni adecuada al problema de sus emociones y relaciones personales. Las relaciones se han vuelto incontrolables y destructivas.

¿Hay alguna respuesta? ¿Solución? ¿O hemos ido demasiado lejos? ¿Hemos endurecido tanto nuestra actitud que ya no hay posibilidad de cambio?

Si dependiera del hombre, la respuesta a esta última pregunta sería: "No, ya no hay posibilidad de cambio."

¡Pero hay un Dios! Y porque Él es Dios, hay respuestas. Quizás no sean las que tu quisieras, pero si estás buscando una solución permanente y que te ayude a superar cualquier situación, por difícil que sea, entonces las respuestas de Dios son las que necesitas y encontrarás muchas en 1 y 2 Corintios.

Te vas a admirar de lo increíblemente práctico que será este estudio. Admirado y transformado, esperamos. Esta transformación dependerá de lo que hagas con lo que aprendas. En este estudio encontrarás la respuesta de Dios a tus emociones y relaciones personales.

Dios Escoge a una Persona de Poca Importancia Para Darle un Gran Valor

༄༅༄༅

PRIMER DÍA

Lee hoy 1 Corintios 1. Marca con un color específico cada referencia a los destinatarios de esta carta, para que puedas ver qué dice el autor acerca de ellos. Asegúrate también de marcar todos los sinónimos y pronombres que se refieran a los destinatarios.

Luego, en tu cuaderno de notas, haz un cuadro con dos títulos: DESCRIPCIÓN DE LOS DESTINATARIOS y PREOCUPACIÓN DE PABLO POR LOS CORINTIOS. Primero haz una lista de cómo se describen los destinatarios. Luego escribe la preocupación de Pablo por ellos. Anota, además, en qué consisten los conflictos y en torno a quién giran. Recuerda hacer esto a lo largo de este estudio.

Anota cualquier otra información importante en el cuadro PANORAMA GENERAL localizado en la página 68 y llena toda la información que observes del capítulo 1.

SEGUNDO DÍA

Siempre que estudies un libro de la Biblia, conviene que lo leas completo varias veces, para descubrir el propósito del autor al escribirlo. Esto también te permitirá observar la manera como el autor presenta su material, a fin de lograr su objetivo.

A propósito, si no leíste las instrucciones al comienzo de este libro, ahora es el momento de hacerlo; te da pautas claras de cómo marcar las palabras clave. Después de leer la sección de introducción, sabrás cómo hacer un separador para tus palabras clave. En tu separador para 1 Corintios, escribe las siguientes palabras clave (codifícalas con diferente color) el mismo que usarás al marcar tu Biblia. Recuerda, ¡ya te dimos algunos ejemplos de cómo marcamos algunas palabras clave!

Divisiones
Evangelio
Poder[1]
Sabiduría (sabio)
Gloria (gloríe, jacte)[2]

Éstas son las palabras clave que deberás marcar a través de todo el libro. No son todas las que marcarás en 1 Corintios. Al avanzar en este estudio, te daremos otras que son específicas a ciertos capítulos o pasajes.

Puesto que éste es un curso panorámico y no tendrás tiempo para leer varias veces la carta, lee 1 Corintios 1:10,11 para que veas el primer propósito de Pablo al escribir esta primera epístola a la iglesia en Corinto. Escribe este propósito en el PANORAMA GENERAL DE 1 CORINTIOS.

Hay una frase clave que se repite en 1 Corintios 7:1,25; 8:1; 12:1; 16:1, que revela la segunda razón de Pablo para escribir a la iglesia en Corinto. Lee estos pasajes y marca cada uso de la frase *en cuanto, acerca de*. Al marcar, incluye también el tema que el autor desea tratar, si lo menciona. Por ejemplo, debes marcar las siguientes frases de la misma forma que marcaste las frases *en cuanto a, acerca de*: "En cuanto a las cosas de que me escribieron" y "en cuanto a lo sacrificado a los ídolos".

Descubrirás que estas personas tenían preguntas sobre ciertos temas y Pablo les estaba escribiendo para responderlas, después de ocuparse del problema mencionado en 1 Corintios 1:10,11. Entonces vemos que 1 Corintios se divide en dos grandes secciones. Mira el PANORAMA GENERAL DE 1 CORINTIOS localizado en la pagina 68 y fíjate en la sección llamada División por Secciones. Esto te indica la gran división del libro en dos temas. Escribe en la división por sección de acuerdo a lo que observes.

TERCER DÍA

Lee nuevamente 1 Corintios 1 y esta vez marca las palabras clave que anotaste en tu separador.

Al terminar, observa la palabra *sabiduría* y sus sinónimos. ¿Cuáles son las dos clases de sabiduría a las que se refiere este capítulo? Escríbelas en tu cuaderno de notas como títulos separados. Luego, bajo cada encabezamiento, haz una lista de lo que aprendas sobre estas dos clases de sabiduría. Después añadirás más a esta lista, así que deja suficiente espacio para escribir más información.

CUARTO DÍA

Lee hoy 1 Corintios 2. Marca las mismas palabras clave y las referencias a los destinatarios que marcaste en 1 Corintios 1. Añade *Espíritu* a tu separador y marca cualquier referencia al Espíritu. Por supuesto, el añadir una palabra clave a tu separador significa que la buscarás a lo largo de todo el libro.

QUINTO DÍA

Lee nuevamente los dos primeros capítulos de 1 Corintios. Esta vez marca con distinto color cualquier referencia al autor. Aunque tal vez no necesites colorear todo "nuestro" o cada pronombre, sí debes marcar con color cualquier referencia importante al autor, que te de una apreciación de quien es, qué hace o qué ha hecho y cuál es su relación con los cristianos de Corinto. Después de esto, aparta varias hojas de tu cuaderno de notas para hacer una lista de todo lo que aprendas acerca del autor. Añadirás más información a esta lista a medida que avanzas en este estudio. También puedes dejar espacio para agregar a esta lista en 2 Corintios. Escribe todo lo que aprendas acerca del autor en estos dos primeros capítulos de 1 Corintios. Hacer esta lista puede parecerte tedioso, pero al final quedarás sorprendido y enriquecido con todo lo que aprenderás de Pablo.

Al terminar de escribir, haz una pausa y reflexiona en todo lo anotado. Lo que aprendas, te ayudará a prestar atención a lo que dice Pablo en 1 Corintios 4:16 y 11:1, instando a que se le imite, así como él es imitador de Cristo.

SEXTO DÍA

Hoy lee nuevamente 1 Corintios 1 y 2 y presta cuidadosa atención al hilo de pensamiento. ¿Cuál es el tema principal de cada uno de estos capítulos? Si tuvieras que decirle a alguien de qué tratan estos dos capítulos, ¿qué le dirías? Escribe lo que piensas en una hoja de papel y luego reduce el tema al menor número de palabras posible (tratando de usar palabras que aparecen en el capítulo). Luego escribe el nombre de los temas en la línea correspondiente en el PANORAMA GENERAL DE 1 CORINTIOS, localizado en la página 68.

Haz una lista en tu cuaderno de notas de todo lo nuevo que aprendas en 1 Corintios 2 acerca de los corintios. Luego añade bajo el título Sabiduría lo que aprendas en 1 Corintios 2.

Por último, observa todas las referencias a poder en los capítulos 1 y 2. Examina estas referencias a la luz de las seis preguntas básicas. Es posible que no encuentres respuesta para cada una, pero hacerlas te ayudará a descubrir lo que estos capítulos dicen acerca del poder.

SÉPTIMO DÍA

Guarda en tu corazón: 1 Corintios 1:30,31. Si puedes, memoriza todo 1 Corintios 1:21-24.

Lee y discute: 1 Corintios 1:17-2:16.

PREGUNTAS PARA LA DISCUSIÓN O ESTUDIO INDIVIDUAL

- ¿Quién escribió 1 Corintios y a quiénes?

- ¿Por qué fue escrita 1 Corintios? Apoya tu respuesta con las escrituras.

- ¿Qué aprendiste acerca del autor en los primeros dos capítulos? ¿De los destinatarios? Discute sobre lo que anotaste en tu cuaderno de notas.

- ¿Qué aprendiste sobre la sabiduría y el sabio en el estudio de esta semana?

- ¿De acuerdo a lo aprendido, de qué debemos gloriarnos y por qué? O, para ponerlo de otra manera, ¿Dónde debe estar nuestro gloriarnos y por qué?¿Qué dice esto sobre nuestras aptitudes?

ᖰ ¿Qué aprendiste en 1 Corintios 2 acerca del Espíritu de Dios?

ᖰ ¿Cómo un cristiano tiene la mente de Cristo?

ᖰ ¿Dónde se encuentra el poder y cómo se obtiene?

ᖰ ¿Cuál es la apreciación más significativa que recibiste esta semana? ¿Cómo impactará tu vida diaria?

PENSAMIENTO PARA LA SEMANA

¿Entendiste con claridad que Dios está buscando a personas insignificantes para darles gran valor? ¿Viste esa verdad por ti mismo? ¿Entendiste a cabalidad qué dice Dios en 1 Corintios 1:26-31? O, ¿pudiste verte a ti mismo y pensaste que jamás podrías ser de mucho valor para Dios o para Su reino por lo que has sido, has hecho, o simplemente por lo que eres ahora o lo que los demás te han dicho que eres?

Es tiempo de creerle a Dios, de entender que sí eres lo que Dios necesita. Dios es YHWH: Yahvé, Jehová, el Dios todo suficiente que es el "YO SOY". El "YO SOY" suficiente para todo y cualquier cosa que necesites, ahora y siempre. Dios no necesita nada. Él lo tiene todo. Él lo es todo.

Si estás *en* Jesucristo, tienes todo lo que necesitas porque tienes a Dios. Cristo vino para ser tu sabiduría, justificación, santificación y redención. Has sido redimido. ¡Le perteneces a Cristo y Él te pertenece a ti! Y esto, mi amigo, es tu única razón para gloriarte.

Por eso, gloríate en el Señor y sigue adelante en la confianza de la fe y en el poder de Dios. Recuerda: Tú eres "alguien" escogido por Dios.

¿Sería la Carnalidad el Problema? ¿Están Tú y los Demás Comportándose Como Personas Carnales?

ᘉᘉᘉᘉ

PRIMER DÍA

Lee hoy 1 Corintios 3 y marca cada referencia que encuentres acerca de los destinatarios tal como lo hiciste en los capítulos 1 y 2. Si lees en voz alta este capítulo cada vez que lo estudias, te ayudará a recordar su contenido. Cuando repites algo en voz alta una y otra vez, al final terminarás memorizándolo. ¡Nada es de más provecho que memorizar las Escrituras!

SEGUNDO DÍA

Agrega *templo* a tu lista de palabras clave en tu separador. Lee nuevamente 1 Corintios y marca todas las palabras clave. A propósito, la palabra griega* para templo

---

*De vez en cuando veremos la definición de una palabra en griego. Ya que el Nuevo Testamento fue originalmente escrito en griego koiné, algunas veces es de utilidad regresar al griego para ver el significado original de una palabra. En cada caso, mostraremos la transliteración al español de la palabra griega, usando letras equivalentes del alfabeto en español con las del alfabeto griego. Hay muchas herramientas de estudio para ayudarte si te gustaría profundizar. Un libro excelente para ayudarte a entender cómo profundizar en el estudio es *Cómo Estudiar Tu Biblia*.

en este capítulo es *naos*. La palabra *naos* se refiere al templo mismo o el santuario interior, el Lugar Santísimo, centro y corazón de todo el recinto sagrado llamado el templo de Dios (*hieron*). Piensa en esto y anota lo que dice Dios acerca del templo. La palabra *naos* también es usada en 1 Corintios 6:19.

Cuando termines, registra en el cuaderno de notas tus apreciaciones acerca de los destinatarios tal como lo hiciste la semana pasada. Observa cuidadosamente cómo los describe Pablo. Fíjate en los términos que usan.

TERCER DÍA

Lee nuevamente 1 Corintios 3 y esta vez marca cada referencia a Pablo, el autor de la epístola. Marca también el pronombre *nosotros*, cuando incluya a Pablo. Al terminar, añade a la lista de información acerca del autor, todo lo que aprendas al marcar estas referencias. Escribe también lo que aprendas acerca de Apolos en este capítulo.

CUARTO DÍA

Lee 1 Corintios 3 una vez más y observa la combinación de metáforas utilizadas por Pablo en este capítulo: campo de cultivo[3], planté[4] y regó; fundamento, edificar y los materiales que pueden usarse para construir sobre el fundamento. (Una metáfora es una comparación sobreentendida entre dos cosas).

Piensa en quienes construyen el edificio, con qué pueden hacerlo, de qué son responsables y las consecuencias de todo esto.

QUINTO DÍA

Lee 1 Corintios 4 y marca cada referencia al autor. Observa también el hilo de pensamiento del capítulo 3 y 4.

SEXTO DÍA

Lee nuevamente 1 Corintios 4 y marca cada referencia a los destinatarios, así como cualquier otra palabra clave de tu separador.

Haz una lista en tu cuaderno de notas de lo que aprendas acerca de los destinatarios. Después, analiza el problema que trata Pablo en este capítulo y por qué dice que escribe lo que escribe. ¿Qué razón podría tener Pablo para venir a ellos con vara? ¿Tiene derecho de hacerlo? ¿Por qué?

Anota los temas de los capítulos 3 y 4 en el PANORAMA GENERAL DE 1 CORINTIOS que aparece en la página 68.

SÉPTIMO DÍA

Guarda en tu corazón: 1 Corintios 3:1-3 ó 3:12,13.
Lee y discute: 1 Corintios 1:10-13; 3:1-23.

Preguntas para la Discusión o Estudio Individual

~ ¿Cómo describirías la situación a la que se refiere Pablo en 1 Corintios 3? ¿En qué consiste el problema y a qué se debe? ¿Cómo se relaciona con lo que dice en 1 Corintios 1:10-13?

∾ ¿Qué aprendiste acerca de los corintios en 1 Corintios 3?

∾ ¿Cómo definirías lo que es ser "carnal" (mundano) usando sólo este capítulo – ya que en 1 Corintios aparece sólo en este capítulo – y a pesar de eso permanece fiel al texto? (Con la expresión "permanece fiel al texto" queremos decir dejar que el texto diga algo, sin añadirle nada).

∾ ¿Qué aprendiste en 1 Corintios 3 y 4 sobre la relación de Pablo con la iglesia de Corinto? ¿Qué relación tenía Apolos con la iglesia? ¿Cuál era su función?

∾ Cuando Pablo dice que él puso el fundamento, ¿qué quiere decir? ¿Quién es el fundamento? ¿Cuándo crees que fue puesto? ¿De qué manera se relaciona esto con la metáfora de plantar y regar?

∾ ¿Qué crees que significa edificar sobre el fundamento?

a. Según 1 Corintios 3, ¿con qué clase de materiales puede una persona edificar?

b. ¿Puede alguien producir oro, plata o piedras preciosas por sí mismo? ¿Puede producir madera, heno u hojarasca?

c. ¿Por qué crees que Pablo utiliza dos diferentes calidades de materiales para ilustrar lo que quiere decir? ¿Cómo puede una persona recibir estos materiales? ¿Qué les sucedería a cada uno de éstos si se pusieran al fuego?

d. ¿Construyes siempre sobre el fundamento de los demás? Hablando en términos prácticos, ¿cómo lo haces? ¿Qué dice la Palabra de Dios acerca de esto?

⚮ ¿De qué manera se relaciona con 1 Corintios 3 y 4?

⚮ ¿Qué aprendiste al marcar la palabra gloriarse en estos dos capítulos?

⚮ ¿Qué razón podría tener Pablo para venir a los corintios con látigo o vara? ¿Tiene derecho de hacerlo? ¿Qué se lo da?

⚮ ¿Qué es lo más importante que aprendiste en el estudio de esta semana? ¿Has cambiado tu manera de pensar o tus creencias? ¿Cómo afectó el estudio tu conducta?

⚮ ¿Cómo piensas vivir a partir de ahora en adelante, en vista de lo que has estudiado esta semana?

Pensamiento para la Semana

Según 1 Corintios 3, eres carnal (o mundano) cuando eres atrapado por los celos y rivalidades, o cuando te conviertes en un seguidor de hombres, comparando entre unos y otros, tomando partido y haciendo causa común con una persona en particular con exclusión de los demás.

Al meditar en este pasaje, nos parece que describe a tantas personas que tenemos hoy en las iglesias, que no son capaces de comer el alimento sólido de la Palabra de Dios; por el contrario, necesitan todavía la leche, como bien lo expresa Hebreos 5:12-14: "Pues aunque ya debieran ser maestros, otra vez tienen necesidad de que alguien les enseñe los principios elementales de los oráculos (las palabras) de Dios, y han llegado a tener necesidad de leche y no de alimento sólido. Porque todo el que toma sólo leche, no está acostumbrado a la palabra de justicia, porque es niño. Pero el alimento sólido es para los adultos (los que han alcanzado madurez), los cuales por la práctica tienen los sentidos ejercitados para discernir el bien y el mal.".

Algunos siguen siendo niños y seguidores de hombres, porque no han pagado el precio del tiempo y disciplina que exige estudiar por sí mismo la Palabra de Dios. Su doctrina viene de los hombres y no de la Palabra de Dios. Por tanto, estiman más a un maestro que a otro, o confrontan con ánimo contencioso la enseñanza de uno contra otro, por no tomarse el tiempo, ni hacer el esfuerzo de estudiar por sí mismos la Palabra de Dios.

Si no estudias la Palabra de Dios por ti mismo; si no apartas tiempo y haces el esfuerzo de descubrir los tesoros de la Palabra de Dios – el oro, la plata y las piedras preciosas - lo único que haces es darle a conocer a los demás tus propias opiniones o lo que piensas de la Palabra de Dios. Por tanto, utilizas más lo que produces tú mismo y al hacerlo estás construyendo con "madera, heno y hojarasca".

Aunque tus "materiales de construcción" no se reconozcan ahora, llegará el día cuando lo que hayas dicho a los demás –los consejos que das, las exhortaciones que haces, las opiniones que defiendes - serán juzgadas por el fuego. ¿Qué quedará de lo que has construido en las vidas de otras personas después que todo sea puesto en el fuego?

Decide entonces si estás dispuesto a pagar el precio. Si estás dispuesto a presentarte "a Dios aprobado, como obrero que no tiene de qué avergonzarse, que maneja con precisión la palabra de verdad" (2 Timoteo 2:15), cuya obra resistirá al fuego. Recuerda: Cada uno de nosotros es mayordomo de los misterios de Dios (de la Palabra de Dios) y se nos exige que seamos hallados fieles. Por lo tanto, no te vuelvas vanidoso, no te glories de ti mismo. Tampoco te glories en los hombres. Todas las cosas te pertenecen. ¡Todo lo que tienes lo has recibido de Dios! ¡No eres superior a nadie pero tampoco inferior! Formas parte de la familia de Dios. Por lo tanto, asegúrate de crecer espiritualmente y darle gozo a tu Padre celestial.

¿Qué Haces Si Hay Pecado en la Iglesia o en Tu Propia Vida?

PRIMER DÍA

Lee 1 Corintios 5 y marca cada referencia a los destinatarios. Piensa en el problema que se presenta en este capítulo.

SEGUNDO DÍA

Lee de nuevo el capítulo 5. Esta vez marca cada referencia a Pablo.

TERCER DÍA

Lee nuevamente 1 Corintios 5. Hazlo con cuidado, marcando cualquier palabra clave que encuentres. Asegúrate de no haber pasado por alto ninguna referencia a los destinatarios y al autor.

Al finalizar, añade a las listas de tu cuaderno todo lo que aprendas en este capítulo acerca de los corintios y Pablo.

En las páginas 66 y 67 aparece el cuadro LAS FIESTAS DE ISRAEL. Si dispones de tiempo, resultará provechoso estudiar la sección del cuadro titulado "El primer mes (Nisán), Fiesta de la Pascua". Esto te ayudará a entender la referencia de Pablo a Cristo como "nuestra pascua", para que nos libremos de la vieja levadura (de malicia y maldad) y celebremos la fiesta con pan sin levadura (de sinceridad y verdad).

CUARTO DÍA

Lee hoy 1 Corintios 6 y marca cualquier referencia a los corintios.

Lee nuevamente este capítulo y marca cada referencia a Pablo y también cada vez que aparezcan las palabras clave que tienes en tu separador. Marca, además, la palabra *cuerpo* (*cuerpos*), pero no la agregues a tu separador.

QUINTO DÍA

Lee 1 Corintios 6 por tercera vez. Añade a tu lista todo lo que aprendas acerca de Pablo y los corintios. ¿Cuáles parecen ser las emociones y relaciones de las que se preocupa Pablo, tanto en este capítulo como en el anterior?

SEXTO DÍA

Lee Levítico 20:10-21, después 1 Corintios 5 y 6 y marca toda referencia a las palabras *inmoralidad*[5] y *personas inmorales*[6]. Marca también la palabra *juzgar* (*juzgado*, *juzgará*).

Al terminar, haz una lista en tu cuaderno de todo lo que aprendas de estos dos pasajes referentes a la fornicación y los fornicarios, no añadas tus opiniones al texto; limítate a escribir los hechos que encuentras en estos capítulos. No olvides anotar los temas de 1 Corintios 5 y 6 en el PANORAMA GENERAL DE 1 CORINTIOS en la página 68.

⌒⌒⌒

SÉPTIMO DÍA

Guarda en tu corazón: 1 Corintios 6:9-11 ó 6:19,20. (¡De preferencia ambos!).
Lee y discute: 1 Corintios 5:1-13; 6:9-20.

Preguntas para la Discusión o Estudio Individual

⌒ ¿Qué es lo que más le preocupa a Pablo en 1 Corintios 5?

   a. ¿Cuál fue la actitud de los corintios en cuanto al pecado cometido por una persona de la congregación?

   b. ¿Cómo se describe a los corintios en el capítulo 5?

   c. ¿Crees que esta misma situación se puede dar en las iglesias hoy? Discútelo.

⌒ ¿Cuáles fueron las instrucciones de Pablo a los corintios en 1 Corintios 5?

   a. ¿Qué debían hacer con el fornicario que había entre ellos?

   b. ¿Por que debían hacerlo? Menciona todas las razones en cuanto a cada individuo en particular y a la iglesia como un cuerpo.

c. ¿Qué es la levadura y cómo actúa en la masa?

d. ¿Qué quiere decir Pablo al expresar: "Porque nuestra pascua, que es Cristo, ya fue sacrificada"? ¿A qué se refiere Pablo? Discute lo aprendido del cuadro: "Las Fiestas De Israel".

e. ¿A quiénes debe juzgar la iglesia? ¿A quiénes no debe juzgar? Observa dónde marcaste la palabra *juzgar* y sus variantes en 1 Corintios 5 y 6 y discute lo aprendido.

∿ ¿Qué aprendiste al marcar las *personas inmorales* e *inmoralidad* en estos dos capítulos? Asegúrate de no omitir nada de lo que Pablo afirma de la inmoralidad en 1 Corintios 5 y 6.

a. Piensa en lo que sucede cuando un cristiano es inmoral: ¿Cómo afecta a Cristo? Según este pasaje, ¿puede la inmoralidad ser el estilo de vida de un cristiano? ¿Puede el cristiano ser un inmoral? ¿Puede vivir como cristiano profesante, practicando la inmoralidad y aun así pretender ir al cielo? Te sugiero que compares este pasaje con Gálatas 5:19-21 y Efesios 5:3-5.

b. ¿En que se basa Pablo para decir a los creyentes que no deben caer en la inmoralidad? Reflexiona en lo aprendido al marcar las palabras *cuerpo* y *cuerpos*.

c. ¿Crees que es necesario este pasaje para la iglesia de hoy y por qué?

d. ¿Qué le dirías a una persona que dice ser cristiana, un supuesto "hermano" o "hermana", pero que está viviendo en inmoralidad? ¿Cuál debe ser tu respuesta y tu relación con ella? ¿En qué basarías tu actitud?

ᖇ ¿De qué manera ha hablado Dios a tu corazón en estos capítulos?

a. ¿Hay alguien en tu iglesia a quien debes enfrentar? ¿Cómo lo harás? (Te sugerimos que leas Mateo 18:15-20).

b. ¿Qué estás haciendo con tu cuerpo, el templo de Dios, Su Lugar Santísimo?

Pensamiento para la Semana

¿Hay inmoralidad entre ustedes? ¿Por qué la toleran? ¿Acaso la justifican como una debilidad de la carne, una debilidad de la que nadie escapa?

¡Si es así, laméntalo! No lo justifiquen por la soberbia de sus razonamientos o por la lógica humana. El pecado al igual que la levadura, se expande y la iglesia cosechará las consecuencias. Si no es castigado, el mundo tendrá un pretexto, una excusa — con qué cubrir su pecado.

Juzguen el pecado. Repudien al pecador impenitente, para que pueda sentir la repugnancia de su pecado y regresar al Señor. De lo contrario, que experimente la horrorosa devastación de la carne si continúa pecando contra su propio cuerpo.

No se crean más sabios que Dios. Escúchenlo y hagan lo que les dice, porque Él ya ha juzgado la situación. Está escrito en 1 Corintios 5 y 6. Recuerden que su cuerpo es templo de Dios y no deben usar los miembros de su cuerpo —sus ojos, manos, etcétera — cometer actos inmorales. Su cuerpo ya no les pertenece, porque es templo de Dios. Su gloria Shekinah mora ahí, bajo la forma del Espíritu Santo. Por lo tanto, determina que todo lo que hay en Su templo glorifique al señor.

Recuerda que Él pagó el precio para que pudieras llegar a ser suyo. Jesucristo, el Cordero Pascual, fue sacrificado por ti. ¡Celebra esa fiesta!

¿QUÉ DE LA SOLTERÍA, LA SEXUALIDAD O ESTAR CASADO CON UNA PERSONA INCONVERSA?

 festiveandsorolla

PRIMER DÍA

Lee 1 Corintios 7 para que te familiarices con su contenido. Observa cómo comienza el capítulo. Recuerda que este capítulo da inicio a la segunda sección de la epístola de Pablo a los corintios. Habiendo ya tratado algunos problemas existentes en la iglesia, pasa ahora a responder las preguntas de ellos sobre algunos asuntos específicos.

Al leer, marca cada referencia a estar casado, por ejemplo: *cásense, casarse, casar, casas, casa, unido, matrimonio.*

Esta semana trabajaremos sólo en 1 Corintios 7. Es un capítulo extenso e importante, que tiene mucho qué decir en cuanto al matrimonio, por lo que resulta muy oportuno hoy en día.

SEGUNDO DÍA

Lee hoy 1 Corintios 7:1-7 y marca todas las referencias que encuentres acerca de Pablo y los corintios. También marca, las palabras *inmoralidades*[7] y *cuerpo.*

Al concluir, escribe en tu cuaderno de notas lo que aprendas acerca de Pablo. Verás que es interesante. Anota también lo que aprendas acerca de los corintios.

Luego, ya sea en tu cuaderno o en el margen de tu Biblia, haz una lista de lo que Dios dice respecto a las responsabilidades del esposo y la esposa sobre sus cuerpos y a su mutua responsabilidad en cuanto a la sexualidad. Escribe además, el por qué de esa responsabilidad. Según este pasaje, ¿por qué debe el hombre o la mujer considerar el contraer matrimonio? Medita en lo que lees y entiendes respecto a otras formas de satisfacer las necesidades sexuales.

TERCER DÍA

Lee 1 Corintios 7:8-16 y marca la frase *que no es creyente*. Después, en tu cuaderno, haz una lista de lo que ordena Dios, a través de Pablo a las siguientes personas: solteros, viudas, esposas, esposos y a los no creyentes.

Al finalizar, medita en lo que estos breves versículos enseñan en cuanto a casarse y vivir con un cónyuge inconverso, o separarse de él (o ella). Recuerda que se trata de la Palabra de Dios y debemos escucharla con mucho cuidado, para que sepamos cómo debemos vivir.

CUARTO DÍA

Lee 1 Corintios 7:17-24 y marca cada vez que aparezca la palabra *llamado*. Nota a qué se refiere Pablo cuando habla de que hemos sido llamados. Además, los diferentes estados conyugales en los que se encuentran las personas cuando son "llamados" y lo que deben hacer en cuanto a estos estados o condiciones de vida. Escribe en tu cuaderno todo lo que aprendas en cuanto a ser llamados.

QUINTO DÍA

Lee 1 Corintios 7:25-40 y marca la palabra *virgen*[8] (*vírgenes*) cada vez que aparezca. Compara además cómo comienza el versículo 25 en relación al 7:1. Haz una lista en tu cuaderno de todo lo que Dios dice acerca de las vírgenes. Recuerda que cuando se escribió este capítulo eran los padres—particularmente el padre— quienes arreglaban el matrimonio de sus hijas.

SEXTO DÍA

Lee nuevamente 1 Corintios 7:17-40 y esta vez marca la frase se *preocupa*[9]. Marca también cada vez que aparezcan las palabras *marido* y *mujer*, así como cualquier referencia a los corintios.

Observa luego 1 Corintios 7:26-28. Recuerda que Pablo ha estado hablando de permanecer en el estado en que cada uno fue llamado (salvo). ¿Cuál es el mandamiento entonces para los que están unidos (casados) y los que han quedado libres (divorciados)?

Marca cada referencia a Pablo. No olvides añadir estas observaciones acerca de los destinatarios de la carta.

Lee ahora 1 Corintios 7:29-35 y toma nota de la exhortación de Dios para los casados. Si estás casado, ¿se aplica también a ti? ¿Cómo encaja esto en todo lo que te han enseñado sobre el matrimonio?

Haz una lista en tu cuaderno de notas de todo lo que aprendas de 1 Corintios 7:17-40 en cuanto a los esposos y las esposas.

Anota, por último, el tema de 1 Corintios 7 en el PANORAMA GENERAL 1 CORINTIOS en la página 68.

SÉPTIMO DÍA

Guarda en tu corazón: Si eres soltero, memoriza 1 Corintios 7:1,2. Si estás casado, memoriza 1 Corintios 7:5. Y si tu relación matrimonial es difícil, memoriza 1 Corintios 7:10,11.

Lee y discute: 1 Corintios 7. (Sería bueno leer todo el capítulo, para que todos se familiaricen con el contexto. Si el grupo está usando la misma versión de la Biblia, sería provechoso que todos participaran leyendo en voz alta).

PREGUNTAS PARA LA DISCUSIÓN O ESTUDIO INDIVIDUAL

¿Ves alguna relación entre lo que Pablo dice en cuanto a la inmoralidad en 1 Corintios 6 y lo que expresa en cuanto a la inmoralidad en 1 Corintios 7? Explícalo.

a. Según 1 Corintios, ¿qué solución hay para los que no pueden vivir una vida de soltería y al mismo tiempo conservarse sexualmente puros? ¿Dónde coloca esto a la autosatisfacción sexual (masturbación) como opción para que una persona satisfaga sus necesidades sexuales?

b. Según lo que piensas en cuanto al punto anterior, ¿cuál es la responsabilidad sexual mutua de los esposos?

c. ¿Ofrece esto alguna orientación o establece algún precedente para las personas que viven juntas y no están casadas?

¿Qué aprendiste en cuanto al estado conyugal de Pablo?

∞ Al haber observado detenidamente este capítulo, ¿qué aprendiste de la Palabra de Dios (recuerda que es la Palabra de Dios) en cuanto a:

a. ¿Los que están casados con inconversos?

b. ¿Los hijos de quienes están casados con inconversos?

c. ¿El estado en que estamos cuando somos salvos y lo que debemos hacer después de ser salvos?

d. ¿Los que quedan libres (divorciados) de su cónyuge?

e. ¿Los que están unidos (casados) al ser salvos?

f. ¿Las vírgenes?

∞ ¿Cuál es el ideal divino? Según 1 Corintios 7:32, ¿qué quiere Dios? ¿Por qué?

∞ ¿Cuánto tiempo debe permanecer casada (unida) una persona? ¿Que diferencia hay entre 1 Corintios 7:39 y lo dicho antes en 1 Corintios 7:15,16?*

∞ ¿Qué has aprendido en tu estudio personal de este capítulo? ¿Que observaciones has obtenido? ¿De qué manera contrasta lo aprendido con lo que te han enseñado?

∞ En vista de la información que tienen estos capítulos, ya sabes qué debes hacer. ¿Qué es? ¿Lo harás?

PENSAMIENTO PARA LA SEMANA

Cuando estás en una situación difícil tratando de encontrar una salida, ¿buscas a personas que te den orientación que te ayude a *salir* del problema? Resulta difícil creer que Dios quiere que seas infeliz o vivas intranquilo, ¿no crees?

* Si quieres hacer un estudio más profundo sobre el tema del matrimonio, divorcio y segundas nupcias, para que puedas ver por ti mismo lo que las Escrituras dicen, entonces te sugerimos el estudio inductivo "¿Cómo Tener Un Matrimonio Digno?". Para mayor información, contacta las oficinas de Precepto en tu país.

Lo que tal vez quieras discutir es el hecho que Dios desea que seas santo, así como Él es santo. Has sido apartado y eres diferente a las personas comunes, las que no conocen al Señor y no tienen al Espíritu Santo. No olvides que el Señor mismo declara en Jeremías 17:5-10: "Así dice el Señor: "Maldito el hombre que en el hombre confía y hace de la carne su fortaleza y del Señor se aparta su corazón. Será como arbusto en lugar desolado y no verá cuando venga el bien; Habitará en pedregales en el desierto, una tierra salada y sin habitantes. Bendito es el hombre que confía en el Señor, cuya confianza es el Señor. Será como árbol plantado junto al agua, que extiende sus raíces junto a la corriente; No temerá cuando venga el calor y sus hojas estarán verdes; En año de sequía no se angustiará ni cesará de dar fruto. Más engañoso que todo, es el corazón y sin remedio; ¿Quién lo comprenderá? Yo, el Señor, escudriño el corazón, pruebo los pensamientos, para dar a cada uno según sus caminos, según el fruto de sus obras."

¡Qué importante e imperativo es entonces para tu verdadero bienestar y felicidad, que busques el consejo de Dios en Su Palabra. Debes andar en Sus caminos en lugar de seguir tus propios deseos, razonamientos y racionalizaciones!

Has visto con claridad qué dice Dios a los casados y a los que no lo están. Lo que dice en cuanto a tu sexualidad y a vivir con un inconverso. También has visto lo que dice a los que han sido abandonados por su cónyuge; a los que fueron salvos después de divorciarse, a los que están casados y a los que han quedado viudos.

¿Estás dispuesto a escuchar? Escuchar no es simplemente oír, sino obedecer. Decídete por la obediencia y habrás escogido la vida. Dios, por medio de Su Espíritu, te dará el poder para que hagas lo que te ha llamado a hacer. Si lo haces, cuando estés frente a Él no serás avergonzado, sino aprobado y premiado.

¿Como es Tu Relación con los Cristianos Que Tienen una Opinión Diferente a la Tuya en Ciertos Temas?

ର୍ଘ ର୍ଘ ର୍ଘ ର୍ଘ

PRIMER DÍA

Lee 1 Corintios 8. Al hacerlo, observa que Pablo va a tratar un nuevo tema: lo sacrificado a los ídolos. Por lo tanto, lee el capítulo y marca cada referencia a *ídolo(s)* de manera distinta. Luego agrega la palabra *ídolo(s)* y su sinónimo *idolatría* a tu separador de palabras clave.

Cuando termines de marcar, haz una lista en tu cuaderno de notas de todo lo que aprendas. Al hacerlo aprenderás cosas interesantes con respecto a los ídolos.

SEGUNDO DÍA

Ayer, al aprender una serie de enseñanzas respecto a los ídolos, te diste cuenta que la comida ofrecida a los ídolos se vendía en el templo de ellos (8:10). En otras palabras, hacían negocio con esa comida. Aparentemente no tiraban lo sacrificado después de ofrecerlo, sino que lo vendían como comida. La pregunta era: ¿Qué problema había con eso? ¿Podían los creyentes en Cristo comer comida sacrificada a los ídolos? Al observar el texto descubrirás no sólo la respuesta de Pablo, sino que además aprenderás cómo debes comportarte ante los hermanos más débiles en la fe. Lee nuevamente todo 1 Corintios 8 y esta vez marca cada referencia al autor como lo has venido haciendo. Marca también cada referencia a los corintios, los destinatarios. Si el autor incluye a los destinatarios (los corintios) en el pronombre "nosotros", entonces combina los colores que usas para el autor y los destinatarios, a fin de poder observar lo que hace Pablo al identificarse con ellos.

Marca también la palabra *conocimiento*.

Al terminar, haz una lista en tu cuaderno de lo que aprendas en cuanto al conocimiento. También escribe lo que aprendas al marcar las referencias a Pablo, en las que habla de sí mismo y de los destinatarios utilizando la palabra "nosotros".

___

TERCER DÍA

Lee 1 Corintios 8 nuevamente y marca cada referencia a *débil(es)*. Al finalizar, lee una vez más el capítulo y esta vez marca las demás palabras que se refieran a "los débiles" por ejemplo *hermano*(s).

Haz después una lista de todo lo que aprendas acerca de los hermanos débiles. Piensa en quiénes son según Pablo y por qué lo son.

Por último, añade a tu lista todo lo que marcaste ayer en cuanto a los destinatarios, de las referencias directas hechas por Pablo acerca de ellos.

CUARTO DÍA

Lee 1 Corintios 9 y marca cada referencia a Pablo y añade a tu lista. Al leer este capítulo, observa si Pablo menciona ídolos o idolatría. En caso afirmativo, márcalo.

QUINTO DÍA

Lee nuevamente 1 Corintios 9. Señala las palabras clave y asegúrate de no dejar de marcar las palabras *evangelio* y *gloria*[10] (*gloriarme*[11]). Señala también las palabras *débil* y *ley*.

Marca una vez más cualquier referencia a los destinatarios de esta epístola.

Al concluir, escribe en tu cuaderno de notas todo lo nuevo que hayas aprendido al marcar la palabra *evangelio*.

SEXTO DÍA

Lee todo 1 Corintios 9 otra vez.

Aunque no hay ninguna referencia a ídolos o idolatría en este capítulo, Pablo no ha concluido con el tema de lo sacrificado a los ídolos. La próxima semana al estudiar el capítulo 10, veremos que más tiene que decir referente a este tema. Sin embargo, debemos hacer aquí una pausa y reflexionar por qué Pablo dice lo que dice en el capítulo 9. ¿En qué insiste?

Anota los temas de 1 Corintios 8 y 9 en el PANORAMA GENERAL DE 1 CORINTIOS localizado en la página 68.

SÉPTIMO DÍA

Guarda en tu corazón: 1 Corintios 9:19,22.
Lee y discute: Romanos 14: 1-2, 13-23.

PREGUNTAS PARA LA DISCUSIÓN O ESTUDIO INDIVIDUAL

Antes de reflexionar en el valor práctico que tienen estos capítulos, piensa qué aprendiste esta semana al estudiar 1 Corintios 8 y 9.

ॐ ¿Qué aprendiste acerca de los ídolos en 1 Corintios 8? ¿Qué conocimiento tenían Pablo y los corintios en cuanto a ellos?

ॐ De acuerdo a lo que observaste en 1 Corintios 8, describe a los que eran débiles según Pablo.

ॐ ¿Cuál debe ser nuestra actitud o respuesta ante los hermanos y hermanas que caen en la categoría de "débiles"? Al responder, recuerda qué dice Pablo en 1 Corintios 9 respecto a los débiles.

ॐ ¿En qué sentido lo que dice Pablo referente a los débiles encaja con lo que enseña en Romanos 14:1-2, 13-23?

ॐ Puesto que Pablo no ha concluido con el tema de comer cosas sacrificadas a los ídolos (lo menciona otra vez en el capítulo 10). ¿Qué relación crees que tiene el capítulo 9 con el 8?

ॐ ¿Qué aprendiste acerca de Pablo en 1 Corintios 8 y 9?

   a. ¿Por qué crees que dice Pablo lo que dice al comienzo de 1 Corintios 9?

b. ¿Qué actitud tenía Pablo en cuanto a la predicación del evangelio?

c. ¿Qué hacía Pablo — qué actitud tenía — para alcanzar a otros? ¿Qué clases o grupos diferentes de personas son mencionadas en 1 Corintios 9:19-23?

d. ¿Qué lugar daba Pablo a sus gustos personales y a la libertad que tenía en Cristo?

∾ Aunque no te rodeen templos paganos, ni tiendas o lugares que vendan comida que se ha ofrecido a los ídolos, ¿tienen algo que enseñarte los capítulos que estudiaste esta semana?

a. Si es así, ¿qué te enseñan?

b. ¿Qué principios o mandamientos ves en estos capítulos que puedan ayudarte a vivir una vida más parecida a la de Cristo?

c. ¿Cuál es tu responsabilidad y cómo debe ser tu relación con el evangelio?

∾ ¿Qué aprendiste en 1 Corintios 9 sobre la responsabilidad del creyente para con aquellos que están dedicados a la predicación de la Palabra (el evangelio)? ¿Cumples con esta responsabilidad?

PENSAMIENTO PARA LA SEMANA

En este tiempo en que la filosofía general o de moda se concentra en el yo personal — es decir, que hay que preocuparse del yo, satisfacer el yo, reconocer el valor del yo y lo importante que es hacer todo lo que nos ayude a respetar nuestro yo y a alcanzar nuestro máximo potencial

como seres humanos para que "logremos" la felicidad —
la enseñanza de 1 Corintios 8 y 9 puede ser menospreciada
e ignorada con facilidad.

Sin embargo, ¿no fueron las palabras de nuestro Señor
lo bastante claras? "Si alguien quiere venir conmigo,
niéguese a sí mismo, tome su cruz, y sígame. Porque el que
quiera salvar su vida, la perderá; pero el que pierda su vida
por causa de Mí y del evangelio, la salvará."
(Marcos 8:34,35).

En 1 Corintios 8 y 9, Pablo nos enseña cuál debe ser
la actitud adecuada de una vida crucificada al recordarnos
que, aunque Cristo nos ha hecho libres del juicio de los
hombres, debemos convertirnos en Sus esclavos a fin de
ganarlos para Cristo (1 Corintios 9:19-21). Sin embargo,
esta sumisión del yo, no es sólo para alcanzar a los perdidos,
sino que, por amor a ellos, sujetar nuestro yo a los hermanos
y para que no hagamos alarde de nuestra libertad de manera
que ella se convierta en piedra de tropiezo para los que aún
son débiles en la fe.

Todo lo que Pablo hacía era para el bien del evangelio.
Puedes imaginarte ¿qué ocurriría primero en la iglesia y
después en el mundo, si todos los que llevan el nombre
de cristianos hicieran lo mismo que Pablo? ¿Qué pasaría
si castigaras tu cuerpo y lo sometieras a servidumbre, en
lugar de ser esclavo de él?

Reflexiona sobre estas cosas. De acuerdo a Pablo y de
acuerdo con la Palabra de Dios, si no vives así, te descalificas
a ti mismo. Recuerda: La cruz es el punto esencial del
cristianismo.

¿Cómo Manejas Tus Ansiedades Y Tentaciones?

ⱷⱷⱷⱷ

PRIMER DÍA

La división de la Biblia en capítulos y versículos es algo hecho por los hombres. Por eso no se debe pensar que cada vez que uno pasa de un capítulo a otro, hay un cambio de tema. Al comenzar el estudio de esta semana, lee de corrido 1 Corintios 9:19-10:33. Observa al llegar al 10:31-33, que estos versículos corresponden a 1 Corintios 9:19-27 donde Pablo manifiesta el gran amor que tenía por la causa del evangelio. Al hacer esto, lee nuevamente 1 Corintios 10 y observa el hilo de pensamiento de Pablo del 9:24-27 al 10:1. Observa el "Porque"[12] del 10:1. Al leer, marca las referencias a Pablo y a los destinatarios como lo has venido haciendo hasta ahora. Si marcas la palabra "nosotros" cuando se refiere a Pablo y los corintios, no olvides combinar los colores que estás utilizando para indicar que el pronombre incluye a ambos.

SEGUNDO DÍA

Lee 1 Corintios 10:1-13 y observa las referencias a los *padres*[13]. Asegúrate de tomar nota cada vez que aparezca la palabra *todos* y se refiera a la palabra *padres*. Anota lo que "*todos*" ellos hicieron, pero también el sentir de Dios por la mayoría de ellos.

Marca cualquier referencia a la palabra *ídolos* o *idólatras*. Subraya también la palabra *ejemplo*. Lee 1 Corintios 10:7 para ver el primero de estos ejemplos. Anota después lo que hizo el pueblo y lee Éxodo 32:1-8,15-28. Recuerda que éstas fueron personas que experimentaron las mismas cosas descritas en 1 Corintios 10:1-4, pero tres mil de ellas murieron. Examina este acontecimiento de Éxodo a la luz de las seis preguntas básicas: ¿Quién los mató? ¿Por qué los mató? ¿Qué hicieron? ¿Cuándo? ¿Dónde estaban? ¿Cómo murieron? Puesto que estos son ejemplos, te conviene examinar tu vida a la luz de lo que esto enseña.

TERCER DÍA

Sigue mirando los ejemplos que aparecen en 1 Corintios 10:7-10. Lee 1 Corintios 10:8 y después Números 25:1-9. Observa la referencia a la inmoralidad, ¿se ha referido antes Pablo a la inmoralidad en la carta a los corintios?

Lee ahora 1 Corintios 10:9 y compáralo con Números 21:4-9.

Por último, lee 1 Corintios 10:10 y luego busca los siguientes pasajes en Números: 14:1-4, 11-12, 26-30 y el capítulo 16. Al leer, marca de manera distinta las referencias a: *murmuraron*[14] y nota lo que les sucedió a los que murmuraron. Si dispones de tiempo, sería provechoso que leyeras también Números 17:1-11.

¿Notaste la relación que hay entre los versículos indicados en 1 Corintios 10 y los que aparecen en Números?

Escribe como referencia cruzada en el margen de tu Biblia, junto al texto pertinente de 1 Corintios 10, los versículos que se relacionan entre sí. Las referencias cruzadas te servirán de ayuda cuando no puedas recordar la ubicación de un pasaje que aclare el que estás estudiando, o que tenga relación con él. Hacer referencias cruzadas es también muy útil para cuando no dispongas de tus notas de estudio, ya que esas notas las encontrarás en tu propia Biblia.

CUARTO DÍA

Al recordar lo estudiado estos últimos tres días, así como el tema iniciado por Pablo en 1 Corintios 8:1, lee 1 Corintios 10:14-33, marca todas las referencia a *ídolos* e *idolatría*. También marca la palabra *demonios*. Si has estado marcando de una manera particular las referencias al diablo, marca *demonios* de igual forma. Si todavía no has usado ningún símbolo, marca estas referencias con un tridente como acostumbramos hacer, de esta manera: Ψ.

Marca también de manera distinta la palabra *conciencia* cada vez que aparezca.

Al terminar, toma nota de la relación que hay entre los ídolos y los demonios. Haz también una lista en tu cuaderno de todo lo que aprendas como consecuencia de marcar la palabra *conciencia*.

QUINTO DÍA

Lee 1 Corintios 11:1-17 y observa cómo el versículo 1 se relaciona con lo que dice 1 Corintios 10.

Al leer, marca de manera distinta las referencias a la mujer y también al hombre. Luego, en tu cuaderno, haz una lista de todo lo que aprendas al marcar cada una de estas palabras del texto.

SEXTO DÍA

Lee 1 Corintios 11:2 y toma nota del motivo por el que Pablo los alaba. Lee después 11:17-34 y nota por qué razón no puede alabarlos. Subraya la palabra *alabo*[15] (*alabaré*) cada vez que aparezca en este pasaje. Regresa después a 1 Corintios 11:2 y marca la palabra *alabo*. Señala también las palabras *discernir, juicio*[16], *juzgáramos*[17]. Recuerda subrayarlas de la misma manera que lo hiciste cuando estudiaste 1 Corintios 5 y 6. Recuerda marcar la palabra *divisiones* que aparece en este pasaje.

Cuando termines de leer y señalar estas palabras, medita por qué razón Pablo no podía alabarlos y anótalo en tu cuaderno. Escribe qué significaba la Cena del Señor, cómo se estaban comportando, qué estaba sucediendo como consecuencia de su conducta, qué quería Dios que hicieran y por qué. Practica lo que aprendas referente a tomar la "Cena del Señor" o "Santa Cena".

Anota los temas de 1 Corintios 10 y 11 en el PANORAMA DE 1 CORINTIOS localizado en la página 68.

SÉPTIMO DÍA

Guarda en tu corazón: 1 Corintios 10:13.
Lee y discute: 1 Corintios 10:1-22.

Preguntas para la Discusión o Estudio Individual

ᕫ Pablo comenzó refiriéndose al tema de comer cosas ofrecidas a los ídolos, en 1 Corintios 8. ¿Qué parece estar enfatizando Pablo a los corintios en 1 Corintios 10:1-22, referente a los ídolos? ¿Qué aprendiste de este pasaje?

ᕫ Algunas veces las personas simplemente tratan de combinar a "Cristo" o al "cristianismo" con sus creencias o estilo de vida anterior. Quieren creer en Cristo o adoptar el cristianismo, pero regresan a sus viejas creencias o estilos de vida cada vez que les conviene o les parece ventajoso. De acuerdo con todo lo que aprendiste esta semana, ¿es posible esto?

a. Reflexiona en lo que aprendiste sobre las referencias cruzadas del Antiguo Testamento que consultaste al estudiar 1 Corintios 10:7-10.

b. ¿De qué manera sirven de ejemplo estos acontecimientos en la historia de Israel como dice 1 Corintios 10:6,11? Piensa qué situaciones en nuestra sociedad tienen alguna semejanza con eso.

c. Reflexiona en la advertencia que hace Dios en 1 Corintios 10:12 y Su promesa de 10:13 (la palabra griega para "tentación" es *peirasmos* que significa "prueba, tentación, poner a prueba, prueba del carácter de alguien, situación de prueba").

ᕫ Según 1 Corintios 10:16-22, ¿por qué es imposible participar del cuerpo y de la sangre de Cristo y al mismo tiempo participar de la idolatría?

∾ ¿Bajo qué condiciones podía una persona comer algo que se había ofrecido a los ídolos y por qué?

a. Si se podía comer algo que se había ofrecido a los ídolos, ¿por qué no se podía participar de la idolatría?

b. Según lo que dice la Palabra, ¿puede una persona "estar bien con Dios y ser mundano" en lo que concierne a la fe cristiana? (Si dispones de tiempo, reflexiona en el capítulo 11, especialmente en lo que aprendiste en cuanto a tomar la Cena del Señor).

∾ ¿Qué importancia tiene tomar la Cena del Señor?

a. ¿Qué estás recordando cuando participas de la Cena del Señor?

b. Según este capítulo, ¿qué propósito tuvo Cristo al morir?

c. Si Cristo murió por tus pecados y tomas la Cena del Señor a pesar de estar viviendo en pecado y no tienes intención de renunciar a él, ¿qué puedes esperar, según este pasaje?

d. ¿Es justo que así sea?

e. ¿Qué aprendiste al marcar la palabra juicio y sus sinónimos?

f. ¿Qué aprendiste de este pasaje?, ¿Qué debes recordar al tomar la Cena del Señor o Santa Cena?

∾ ¿De qué manera te habló Dios en lo personal por medio del estudio de esta semana?

Pensamiento para la Semana

Querido hermano, tienes la promesa del Señor. No importa qué prueba, sufrimiento o tentación enfrentes en la vida, Dios ha dado una salida. El camino no es el tuyo, sino el de Dios. Por lo tanto, *puedes* vivir una vida recta. *Puedes* hacer lo que Dios dice que es recto, no importando la magnitud de la prueba o tentación. Tu situación no es única. Otros han sido tentados o probados de la misma manera. Unos han salido victoriosos, otros se han alejado derrotados dependiendo de si escucharon y obedecieron a Dios, o si no lo hicieron.

Recuerda que los creyentes pueden vivir toda clase de experiencias con Dios, de la misma manera que lo hicieron los hijos de Israel cuando salieron de Egipto, cruzaron en seco el mar Rojo, comieron el maná y bebieron agua de la roca, tú podrás ver y experimentar el poder y la libertad de Dios, sin embargo, esto no significará nada a los ojos de Él, si no vives de la manera como debe hacerlo un verdadero hijo de Dios. No confíes sólo en tus experiencias con Dios o la fe cristiana. La verdadera fe es una entrega total a Dios y esa entrega se demuestra en tu relación diaria con el Señor, a través de una vida rendida a Él.

El cristianismo no es algo que sencillamente incorporas a lo que ya crees. Por el contrario, es una identificación total con Cristo, Su Iglesia y, en consecuencia, una separación de todo lo demás. No puedes participar de la copa del Señor y la copa de los demonios. Dios es un Dios celoso. Uno de Sus nombres es Jehová *Canna*, Dios es celoso. Él no tolerará la adoración de ningún otro dios que no sea Él. Recuerda esto y decide hoy a quién quieres servir.

¿Qué Piensas De Los Dones Espirituales y De Quienes Tienen Lo Que Tú No Tienes?

ལལལལ

_ɔ ᴖ_

PRIMER DÍA

Ahora Pablo escribe sobre el siguiente tema que debe tratar con los corintios. Lee 1 corintios 12:1 y anota el tema que estudiaremos esta semana al examinar 1 Corintios 12, 13 y 14.

Lee los capítulos 12 al 14 y marca todas las referencias directas a Pablo y a los corintios como lo has venido haciendo a través de todo el libro. Señala también de manera distinta la palabra _dones_ cada vez que aparezca. Señala también la palabra _división_[18], de la misma manera que lo has hecho antes.

Al concluir, lee 1 Corintios 1:4-10. Marca nuevamente cualquier referencia a _dones_ y _divisiones_ en este pasaje.

Observa después los pasajes o versículos que subrayaste en referencia a Pablo y los corintios. Anota luego en tu cuaderno cuál era la preocupación de Pablo en estos tres capítulos. Añade también a tu lista todo lo que aprendas acerca de Pablo y los destinatarios de la epístola.

ஐ

SEGUNDO DÍA

Lee hoy 1 Corintios 12. Recuerda que si haces la lectura en voz alta, te ayudará a recordar lo que lees. Al leer, señala cualquier referencia al *Espíritu Santo* incluyendo sus pronombres. Asegúrate de anotar todo lo que aprendiste acerca del Espíritu Santo.

ஐ

TERCER DÍA

Hoy lee nuevamente todo 1 Corintios 12. Esta vez, concéntrate en los diversos dones que Pablo menciona en este capítulo. Haz una lista de ellos en tu cuaderno. Además, haz una lista de todo lo que aprendas de este capítulo en cuanto a los dones en general. Examina el texto haciendo las 6 preguntas básicas: ¿Quiénes reciben estos dones? ¿Qué son los dones? ¿Cómo los recibe una persona? ¿Cuándo los recibe? ¿Cuántos recibe? Medita en lo que aprendiste después de haber marcado ayer las referencias al Espíritu Santo.

ஐ

CUARTO DÍA

Lee 1 Corintios 12 nuevamente. Esta vez nos concentraremos en la analogía usada por Pablo al explicar cómo se reciben los dones y la importancia de cada uno. Al leer este capítulo, marca cada vez que aparezcan las palabras *cuerpo* y *miembro*(s). Al señalar estas palabras— cada una de manera diferente — anota la relación de los miembros con el cuerpo y la manera como los compara con los dones espirituales. ¿Con qué están relacionados los dones? ¿Qué está tratando Pablo de explicar por medio de esta analogía?

QUINTO DÍA

Lee 1 Corintios 13 y marca las siguiente palabras clave de manera distinta: *lenguas, profecía (profetizamos)* y *amor*. Regresa después a 1 Corintios 12:10, 28, 30 y señala de la misma manera la palabra *lenguas*.

Después de terminar de leer este capítulo y marcar las palabras clave, anota lo que Pablo dice y por qué lo dice. Recuerda todo lo observado esta semana.

SEXTO DÍA

Lee hoy 1 Corintios 14 y marca las siguientes palabras clave: *profeticen - (profetiza, profetizarán, profecía)* y *edificación (edifica, edificado)* y cualquier sinónimo.

Al terminar, haz una lista en tu cuaderno de todo lo que 1 Corintios 12 al 14 enseñan acerca de las lenguas.

Marca ahora la palabra *profecías* y *profetas* en 1 Corintios 12:10, 28, 29 y luego haz una lista de todo lo que los capítulos 12 al 14 enseñan acerca del don de profecía.

Por último, observa todas las referencias que marcaste en cuanto a *edificación* y sus variantes y escribe en tu cuaderno lo que aprendas sobre esto.

Anota los temas de 1 Corintios 12, 13 y 14 en el PANORAMA GENERAL DE 1 CORINTIOS.

SÉPTIMO DÍA

Guarda en tu corazón: 1 Corintios 12:13,18 ó 1 Corintios 12:4-7.
Lee y discute: 1 Corintios 12:4-31, 1 Pedro 4:10.

PREGUNTAS PARA LA DISCUSIÓN O ESTUDIO INDIVIDUAL

൜ ¿De qué trata 1 Corintios 12 al 14, según tus observaciones en estos capítulos, por qué crees que Pablo se vio obligado a escribir sobre este asunto? Sé lo más específico posible en tu respuesta y toma nota de lo que Pablo enfoca en los capítulos 13 y 14.

൜ ¿Qué aprendiste en cuanto a los dones espirituales al estudiar estos capítulos? Por ejemplo:

a. ¿Quién da los dones?

b. ¿A quiénes se los da?

c. ¿En base a qué son dados?

d. ¿Cuál es el propósito de los dones?

e. ¿Cuándo son dados los dones?

f. ¿Hay dones más importantes que otros?

g. ¿Cuáles dones debe desear el cuerpo de creyentes, la iglesia? ¿Por qué?

൜ ¿Por qué usa Pablo la analogía del cuerpo humano para explicar los dones espirituales? ¿Qué puedes aprender de esta analogía que te ayude a apreciar a los demás hermanos?

൜ ¿Qué aprendiste en estos capítulos acerca de:

a. ¿Las lenguas?

b. ¿La profecía?

൜ ¿Por qué crees que Pablo saca a la luz el tema del amor (o caridad) en 1 Corintios 13? ¿Qué punto estaba tratando de explicar? ¿Por qué era necesario que lo hiciera?

∞ Lee detenidamente 1 Corintios 12:4-6. Anota la palabra *diversidad*[19] ¿De qué? Escribe también qué miembro de la Deidad está relacionado con cada diversidad. ¿De qué manera los versículos 7 y 11 se relacionan con el 4 y los dones del Espíritu?

∞ ¿Qué te enseña 1 Pedro 4:10?

∞ ¿Qué aprendiste de los dones espirituales que puedas aplicar a tu vida personal? ¿Tienes algún don espiritual? ¿Sabes cuál es? ¿Sabes cuál es tu responsabilidad al tener este don?*

PENSAMIENTO PARA LA SEMANA

¿Sabías que cuando creíste en el Señor Jesucristo, el Espíritu Santo no sólo vino a morar en ti, sino que también te dio uno o más dones espirituales?

¿Te has preguntado alguna vez, por qué te salvó Dios o qué propósito tiene en tu vida? ¡Ahora puedes estar seguro que fiel es Él que te llamó para un propósito, El cual también lo hará! Dios jamás nos llama a hacer una tarea sin darnos antes los dones para realizarla. Somos como dice Efesios 2:10 "Porque somos hechura Suya, creados en Cristo Jesús para hacer buenas obras, las cuales Dios preparó de antemano para que anduviéramos en ellas". Por lo tanto, cuando fuiste salvo, (como dice 1 Corintios 12:18), Dios te colocó como un miembro en el cuerpo de Cristo, exactamente donde a Él le agradó. Fuiste creado *por* Dios y *para* Dios. Dios tiene un plan o propósito para tu vida.

Todo hijo de Dios ha recibido dones de parte de Dios. Aunque lo dones, el ministerio y los resultados son

---

* Ministerios Precepto Internacional tiene un estudio inductivo llamado Dones Espirituales. Si te gustaría obtener más información acerca de este curso, o de cualquiera de nuestros cursos, comunícate con la oficina de Precepto en tu país.

diferentes, eres vital para Dios y para la iglesia del Señor Jesucristo. Los dones que has recibido son para el bien de la iglesia, para la edificación del Cuerpo de Cristo. Por lo tanto, pídele a Dios que te muestre cuáles son tus dones. Creemos que la manera de descubrirlos no es por medio de pruebas hechas por los hombres, sino que debemos pedir a Dios que nos los muestre. Si lo haces y estás dispuesto para cualquier cosa en la que Él quiera usarte, Él te guiará. Descubrirás cuáles son tus dones espirituales y tus talentos naturales, pues te sentirás atraído hacia ellos. Y cuando estés ejerciéndolos, experimentarás tanto la confirmación del Espíritu como la de las demás personas, que se sentirán edificadas por ti, porque estarás actuando bajo el dominio del Espíritu.

Recuerda que eres el mayordomo de tus dones, los cuales te fueron dados con un propósito. Por lo tanto, úsalos para bendición de los demás. Y recuerda hacerlo siempre con amor, ya que sin éste los dones se vuelven improductivos.

No envidies los dones de los demás. Dios te dio lo que Él quería que tuvieras. Además recuerda que no tienes la responsabilidad de ser como los demás o hacer lo que otros hacen. Tú serás responsable solo de los dones que has recibido y del ministerio que has ejercido. No midas los resultados ni te juzgues a ti mismo ni tus dones, partiendo de ellos. Los dones los da el Espíritu, el ministerio lo da el Señor y los resultados dependen de Dios. De manera que, la única responsabilidad tuya es ser fiel. Si tienes el don de la palabra, proclama la Palabra de Dios. Si tienes el don de servir, úsalo con el poder que Dios te da a fin de que en todo sea Él glorificado por medio de Jesucristo, a quien pertenecen la gloria y el imperio por los siglos de los siglos.

¿CUÁL ES EL EVANGELIO QUE DEBES VIVIR Y PREDICAR Y POR QUÉ?

∾∾∾∾

PRIMER DÍA

Después de poner punto final a lo que tiene que decir en cuanto a los dones espirituales, Pablo pasa a considerar otro tema. Lee 1 Corintios 15 y observa de qué se trata. Subraya toda referencia a Pablo y a los corintios, recuerda marcar la palabra *evangelio* (al igual que sus sinónimos) cada vez que aparezca. Al marcar las referencias acerca de ellos, verás por qué Pablo tuvo que tratar el tema de la resurrección. Añade a las listas de tu cuaderno, cualquier nueva información que descubras.

SEGUNDO DÍA

Lee 1 Corintios 15:1-11 y subraya todas las referencias a Jesucristo, incluso los pronombres. Haz un separador para este capítulo y anota en él cada palabra clave que se te dé. Luego busca y marca estas palabras durante el estudio de la semana. Al buscar las palabras clave, no omitas ningún pronombre o sinónimo, especialmente los que se refieren a Cristo. (Más adelante encontrarás que se le llama "el postrer Adán" y no lo querrás pasar por alto).

Ahora lee otra vez los versículos 1 al 11. Esta vez marca la palabra *prediqué*[20] (*predicamos*). Marca o subraya también de manera distinta la frase *conforme a las Escrituras*[21]. Luego en tu cuaderno, haz una lista de todos los puntos sobre los que se había predicado y de qué manera se respaldaba a cada uno de ellos.

TERCER DÍA

Lee 1 Corintios 15:1-34 y marca la palabra *muertos*. Asegúrate de marcar todas las palabras relacionadas: *muerte, mueren, durmieron*[22].

Subraya también las palabras *resucitado*[23] y *resurrección* cada vez que aparezcan, así como las palabras clave que anotaste en tu separador. Observa luego todas las referencias sobre *resucitado* o *resurrección* y examina el texto con las seis preguntas básicas: ¿Quiénes fueron resucitados? ¿Qué sucedió? ¿Cómo? ¿Cuándo? ¿Dónde? ¿Por qué? Observa cuidadosamente el argumento de Pablo en cuanto a la resurrección para ver por qué es un tema tan importante.

Recuerda que en la iglesia de Corinto había personas que decían que no había resurrección de los muertos (v. 12). Medita en el mensaje del evangelio tal como se expone en los versículos 15:1-11.

Lee Romanos 4:25 y detente para reflexionar en lo que la resurrección muestra en cuanto a nuestro pecado.

Anota en tu cuaderno todo lo que aprendas en este pasaje acerca de la resurrección de Jesucristo y de los muertos.

CUARTO DÍA

Lee 1 Corintios 15:35-49. Observa la pregunta que introduce Pablo en el versículo 35 y luego la respuesta que da a la misma. Al leer, subraya las palabras *cuerpo* y *cuerpos*.

Observa también las referencias que hace Pablo al primer y postrer Adán, es decir al primer y segundo hombre. Marca todas las referencias a Jesucristo incluyendo los sinónimos.

QUINTO DÍA

Lee 1 Corintios 15:50-58 y marca las palabras clave. (Marcaste *muerte* y las palabras relacionadas con ella en el tercer día). Los versículos 50-58 usan otro sinónimo para esta palabra clave: *sepulcro*[24]. Asegúrate de marcarla. Observa la palabra *misterio* y anota en qué consiste.

Presta mucha atención a lo que sucede al final con la muerte y por qué. Anota también la conclusión final de este capítulo y el mensaje que Dios tiene para ti.

Por último, lee otra vez este importante capítulo 15 y observa todo lo que has marcado en cuanto a Cristo. Haz una lista en tu cuaderno de todo lo que aprendas sobre Él en este capítulo. Te tomará un poco de tiempo, pero valdrá la pena.

SEXTO DÍA

Lee hoy el último capítulo de 1 Corintios. Toma nota del último tema que trata Pablo en 1 Corintios 16. Marca cada referencia a Pablo y a los destinatarios de la carta como lo has venido haciendo a lo largo de todo el libro. Marca también la palabra *amor*[25] y cualquier referencia al Señor. Agrega a tu lista cualquier nueva información que descubras acerca de Jesucristo. Al terminar, anota lo que aprendas sobre el amor del Señor y pregúntate si estás a la altura. Mira el versículo 13 y tómalo como palabra personal para tu vida. Compara la frase *pórtense varonilmente*[26] con 3:1 y 14:20. Sin duda alguna, todo lo que has estudiado en este curso te habrá confirmado que estás madurando, actuando varonilmente como todo un hombre, en lugar de hacerlo como un niño. Te felicitamos.

Anota el tema de 1 Corintios 15 y 16 en el PANORAMA GENERAL DE 1 CORINTIOS localizado en la página 68. Haz después una pausa y observa todo lo que estudiaste en este libro. Observa qué capítulos forman una sección de verdad, un tema particular y anótalo en el cuadro bajo la división por secciones.

SÉPTIMO DÍA

Guarda en tu corazón: 1 Corintios 15.10 ó 1 Corintios 15:1,2.

Lee y discute: 1 Corintios 15:1-26.

Preguntas para la Discusión o Estudio Individual

ॐ Según 1 Corintios 15:3-8, ¿cuáles son los puntos centrales del evangelio y cuál es la prueba de su realidad? (Observa la frase repetida "conforme a las Escrituras" y sabrás cuáles son los dos temas centrales del evangelio).

ॐ Discute los siguientes temas: Si *no* hay resurrección, entonces...

a. ¿Cuál es nuestra situación?
b. ¿Qué de Jesús?
c. ¿Qué de nuestra fe?
d. ¿Cómo debemos vivir y por qué? (Si este estudio se hace en grupo, que los estudiantes apoyen sus respuestas con las Escrituras).

ᴄᴠ En 1 Corintios 15, Pablo se refiere a nosotros como estando en Adán o en Cristo. ¿Cuál será el resultado final de estar en uno u otro? ¿Por qué crees que Pablo se refiere a Cristo como el postrer Adán en 15:45?

ᴄᴠ ¿Cuál será el orden de la resurrección? Si dispones de tiempo, detente a reflexionar en lo que aprendiste acerca de la resurrección de nuestro cuerpo.

ᴄᴠ ¿Cuándo será vencida totalmente la muerte? Observa 15:26,54-56 y compara estos versículos con Apocalipsis 20:5-6, 11-14.

ᴄᴠ ¿Qué crees que está diciendo Pablo en 1 Corintios 15:1, 2? ¿Qué está tratando de aclarar?

ᴄᴠ En 1 Corintios 15:58 Pablo dice que nuestro trabajo en el Señor no es en vano. ¿Por qué no lo es?

ᴄᴠ ¿Qué te ha revelado Dios en esta semana de estudio?

ᴄᴠ ¿Qué fue lo más relevante, cuál fue la verdad más transformadora que aprendiste en tu estudio de 1 Corintios? ¿Cómo piensas vivir de aquí en adelante como resultado de este estudio?

Pensamiento para la Semana

Algún día tendrás la imagen del hombre celestial: La imagen de nuestro Señor Jesucristo. Recuérdalo y mantente alerta. Por lo tanto, no vivas un cristianismo de conveniencia ni seas negligente en tu andar con el Señor. No te dejes atrapar por la sabiduría del mundo, una vanagloria vacía. Termina con las divisiones y discusiones. Recuerda que eres parte del cuerpo de Cristo, un miembro entre muchos, pero puesto ahí por la voluntad de Dios y con un propósito para tu vida.

¡Es tanto lo que tienes que aprender! Cambia de la leche a la carne: ¡No sigas siendo un niño inmaduro en el conocimiento de Cristo! No justifiques el pecado en tu vida ni en la vida de tu iglesia. Recuerda que Cristo, tu pascua, fue sacrificado por ti. Por lo tanto, regocíjate, camina en sinceridad, con fe genuina y en verdad.

Recuerda además, que tu cuerpo es parte del cuerpo de Cristo. Por lo tanto, no permitas que ninguna parte de este cuerpo se relacione con ninguna clase de inmoralidad, ni siquiera con el pensamiento. Siéntete satisfecho con tu cónyuge y si eres soltero, permanece puro o cásate. Recuerda que por estar cerca el regreso del Señor, debes servirle con una devoción absoluta.

Examina tu vida. ¿Hay ídolos en tu corazón? No provoques a celos al Señor. Él debe ser tu todo en todo. Y si lo es, debes vivir para la causa del evangelio, no para disfrutar de tu placer personal egoísta. No debes alardear de tu libertad en Cristo, sino hacerte esclavo con tal de ganar algunos para Cristo. Todo lo que hagas será a favor de la causa del evangelio. Por lo tanto, presenta tu cuerpo en servidumbre, hazlo tu esclavo. Recuerda que en cualquier tentación que te sobrevenga, Dios te dará la salida.

Recuerda además, que cada vez que participas de la Cena del Señor, conmemoras que Jesús murió para liberarte de tu pecado. Por lo tanto, no comas el pan ni bebas la copa si no estas dispuesto a condenar cualquier pecado en tu vida y apartarte de él. De lo contrario, Dios tendrá que juzgarte si no te juzgas a ti mismo (1 Corintios 11:28-32).

Por último, recuerda el evangelio. Éste es eficaz para la salvación, sólo si te mantienes firme en él. Sólo decir que lo crees, pero no vivir de acuerdo con sus exigencias es "creer en vano". La prueba de la verdadera salvación es una vida transformada. "¿O no saben que los injustos no heredarán el reino de Dios? No se dejen engañar: ni los inmorales, ni los idólatras, ni los adúlteros, ni los afeminados, ni los homosexuales, ni los ladrones, ni los avaros, ni los borrachos, ni los difamadores, ni los estafadores heredarán el reino de Dios. Y esto eran algunos de ustedes; pero fueron lavados, pero fueron santificados, pero fueron justificados en el nombre del Señor Jesucristo y en el Espíritu de nuestro Dios." (1 Corintios 6:9-11). Por lo tanto, "Estén alerta, permanezcan firmes en la fe, pórtense varonilmente, sean fuertes. Todas sus cosas sean hechas con amor." (1 Corintios 16:13,14).

LAS FIESTAS DE ISRAEL

	Mes 1 (Nisán) Fiesta de la Pascua			Mes 3 (Siván) Fiesta de Pentecostés
Esclavos en Egipto	**Pascua**	**Pan sin Levadura**	**Las Primicias**	**Pentecostés o Fiesta de las Semanas**
	Se mata el cordero y se pone su sangre en el dintel Éxodo 12:6, 7	*Limpieza de todo lo leudado* (símbolo del pecado)	*Ofrenda de la gavilla mecida* (promesa de la cosecha futura)	*Ofrenda mecida de dos panes con levadura*
	Mes 1, día 14 Levítico 23:5	Mes 1, día 15 durante 7 días Levítico 23:6-8	Día después del día de reposo Levítico 23:9-14	50 días después de las primicias Levítico 23:15-21
Todo el que comete pecado es esclavo del pecado	Cristo, nuestra Pascua, ha sido sacrificado	Limpien... la levadura vieja... así como lo son, sin levadura	Cristo ha resucitado... las primicias	Se va para que venga el Consolador	Promesa del Espíritu, misterio de la iglesia: Judíos y Gentiles en un solo cuerpo
				Monte de los Olivos	
Juan 8:34	1 Corintios 5:7	1 Corintios 5:7, 8	1 Corintios 15:20-23	Juan 16:7 Hechos 1:9-12	Hechos 2:1-47 1 Corintios 12:13 Efesios 2:11-22

Meses: Nisán — *Marzo, Abril* • **Siván** — *Mayo, Junio* • **Tisri** — *Septiembre, Octubre*

Mes 7 (Tisri)
Fiesta de los Tabernáculos

Fiesta de las Trompetas *(shofar)*	Día de la expiación	Fiesta de los Tabernáculos	

Intervalo entre las fiestas	*Al son de trompetas (shofar) – una santa convocación*	*Se debe hacer expiación para ser limpios* Levítico 16:30	*La celebración de la cosecha conmemora los tabernáculos en el desierto*	
	Mes 7, día 1 Levítico 23:23-25	Mes 7, día 10 Levítico 23:26-32	Mes 7, día 15, durante 7 días, día 8, santa convocación Levítico 23:33-44	
	Retorno de Judíos a Israel en preparación para el último día de expiación Jeremías 32:37-41	Israel se arrepentirá y mirará al Mesías en un solo día Zacarías 3:9, 10; 12:10;13:1;14:9	Las familias de la tierra irán a Jerusalén a celebrar la fiesta de los Tabernáculos Zacarías 14:16-19	Cielo nuevo y tierra nueva El Tabernáculo de Dios con los hombres Apocalipsis 21:1-3
	La Venida de Cristo			
	Ezequiel 36:24	Ezequiel 36:25-27 Hebreos 9, 10 Romanos 11:25-29	Ezequiel 36:28	

Israel tenía dos cosechas cada año — primavera y otoño

Tema de 1 Corintios:

DIVISIÓN POR
SECCIONES

Autor:	Problemas o Tópicos	Divisiones Principales	TEMA POR CAPÍTULOS
Transfondo Histórico:			1
			2
Propósito:			3
			4
Palabras Clave:			5
			6
			7
			8
			9
			10
			11
			12
			13
			14
			15
			16

SEGUNDA DE CORINTIOS

LAS RELACIONES Y EL HOMBRE
O LA MUJER DE DIOS

෴ ෴ ෴ ෴

Siempre hemos querido escribir un curso de estudio inductivo de Precepto sobre Precepto del libro de 2 Corintios y llamarlo: "Anatomía de Un Hombre de Dios."

¡Ningún otro libro del Nuevo Testamento nos ofrece una visión tan clara e íntima del admirable apóstol Pablo, como lo hace 2 Corintios! En esta epístola, Pablo nos invita a penetrar en lo más recóndito de su corazón.

Al estudiar este libro encontrarás una vez más, la respuesta de Dios a tus relaciones, pasiones y emociones; pero desde una perspectiva diferente. En 1 Corintios observaste una iglesia carnal, dividida, acosada por problemas y llena de dudas. Pero en 2 Corintios la verás de otra manera; un hombre de Dios trata el problema de las relaciones personales conflictivas; emociones y pasiones que se agitan en lo más profundo de su alma. Al mismo tiempo, cómo sigue avanzando en su labor, sin detenerse en medio de las tristezas, luchas tribulaciones y sufrimientos como siervo fiel del Nuevo Pacto.

Es aquí donde encontrarás consuelo si te has propuesto hoy ser un hombre o una mujer de Dios, sin importar el costo.

¿Por Qué Existen las Angustias y las Aflicciones?

∾∾∾∾

∾∾

PRIMER DÍA

De todas las epístolas de Pablo, ninguna nos da un relato más íntimo de la vida, amor y sufrimientos de este hombre que 2 Corintios. A través del estudio de esta epístola, no sólo serás bendecido, sino animado y desafiado. Si en un espíritu de oración estudias y meditas en las verdades contenidas en la carta, estarás mejor preparado para los días por venir, días en que tu vida en el Señor y tu ministerio serán puestos en tela de juicio y probados hasta sus orígenes.

Lee todo 2 Corintios 1 y subraya de manera distinta todas las referencias al autor (autores) de esta carta. Presta atención asimismo a los pronombres relacionados con ellos. Si completaste tu estudio de 1 Corintios, marca las referencias a Pablo de la misma manera que lo hiciste antes. Sigue añadiendo información a la lista que empezaste en tu estudio de 1 Corintios o comienza una nueva lista con toda la información que descubras acerca de Pablo en 2 Corintios.

Al leer este capítulo será de provecho consultar el mapa localizado en la página 74, para ver los lugares mencionados por Pablo en este primer capítulo y en otros más.

SEGUNDO DÍA

Lee hoy nuevamente el primer capítulo de 2 Corintios. Esta vez señala todas las referencias a los destinatarios. Al finalizar, haz una lista en tu cuaderno de todo lo que aprendas al marcar las referencias a ellos. De nuevo sigue añadiendo información a tu lista de 1 Corintios o comienza otra.

TERCER DÍA

Lee nuevamente 2 Corintios 1. Marca esta vez de manera distinta cada una de las siguientes palabras clave: *consolación* (*consuela, consolar, consuelo, consolados*), *tribulación* (*aflicción*)[1] *sufrimientos*[2]. Escribe en tu cuaderno una lista de lo que aprendas al marcar estas palabras.

Al hacer la lista acerca de él (los) autor (es) de la epístola, comenzarás a ver el propósito de Pablo al escribirla. También sería conveniente que te detuvieras y leyeras 2 Corintios 12:14 - 13:3, 10, para tener una idea de las razones que tuvo Pablo para escribir lo que escribió y decir lo que dijo. Busca en la página 76 el CUADRO CRONOLÓGICO DE LA VIDA DE PABLO DESPUÉS DE SU CONVERSIÓN. Éste será útil para que te des cuenta en qué período de su vida escribió 2 Corintios.

CUARTO DÍA

Lee nuevamente el capítulo 2 y una vez más marca todas las referencias al autor. Añade luego lo que aprendas en la lista de tu cuaderno.

QUINTO DÍA

Lee 2 Corintios 1:23-2:17 y marca todas las referencias a los destinatarios. Marca además las siguientes palabras clave: *tristeza*[3], *aflicción*[4], *consolar*, *amor*. Asimismo toda referencia a Satanás, nuestro enemigo y cualquier pronombre que se refiera a él. Como ya hemos dicho antes, podrías marcar toda referencia al enemigo y la guerra espiritual con un tridente rojo. Esto hace fácil notar cualquier referencia a Satanás.

SEXTO DÍA

Después de hacer todas tus observaciones, lee nuevamente los dos primeros capítulos de 2 Corintios. Al leer, asegúrate de marcar la palabra *escribí*. Recuerda lo que observaste en 2 Corintios 12:14 -13:3,10.

Cronología de Eventos en la Vida de Pablo Después de Su Conversión*

Hay diferentes opiniones sobre estas fechas. Este cuadro servirá como referencia para las fechas relacionadas con la vida de Pablo.

Cita	Año d.C.	Evento
Hechos 9:1-25	33-34	Conversión, permanencia en Damasco
	35-47	Algunos años de silencio, sólo sabemos que Pablo:
Gál. 1:17		1. Pasó tiempo en Arabia y Damasco
Hechos 9:26; Gál.1:18		2. Hizo su primera visita a Jerusalén
Hechos 9:30-11:26; Gál.1:21		3. Fue a Tarso, área de Siria-Cilicia
Hechos 11:26		4. Estuvo con Bernabé en Antioquia
Hechos 11:30		5. Con Bernabé llevó ayuda a los hermanos de Judea e hizo su segunda visita a Jerusalén
Hechos 12:23	44	Muere Herodes Agripa
Hechos 12:25		6. Regresó a Antioquia; fue enviado con Bernabé por la iglesia de Antioquia
Hechos 13:4-14:26	47-48	**Primer viaje misionero:** *Escribe Gálatas(?)*
Hechos 15:1-35	49	El procónsul Sergio Paulos en Patmos se puede fechar Concilio Apostólico de Jerusalén - Pablo visita Jerusalén (comparar Hechos 15 con Gálatas 2:1)
Hechos 15:36-18:22	49-51	**Segundo viaje misionero:** *Escribe I y 2 Tesalonicenses* - Estuvo año y medio en Corinto, Hechos 18:11
Hechos 18:23-21:17	51-52	Se sabe que Galio era procónsul en Corinto
	52-56	**Tercer viaje misionero:** *Escribe 1 y 2 Corintios y Romanos,* probablemente desde Éfeso
Hechos 21:18-23	56	Pablo va a Jerusalén y es arrestado, detenido en Cesarea.
Hechos 24-26	57-59	Comparecencias ante Félix y Drusila; ante Festo; apela al César, ante Agripa - se puede fechar
Hechos 27-28:15	59-60	Llevado desde Cesarea hasta Roma
Hechos 28:16-31	60-62	Primer encarcelamiento en Roma. *Escribe Efesios, Filemón, Colosenses y Filipenses* - 2 años en prisión
	62	Pablo es puesto en libertad; posible viaje a España
	62	Pablo en Macedonia: *Escribe I Timoteo*
	62	Pablo va a Creta: *Escribe Tito*
	63-64	Pablo llevado a Roma y encarcelado allí: *Escribe 2 Timoteo*
	64	Pablo está ausente del cuerpo y presente con el Señor (*Otros sitúan la conversión de Pablo alrededor de año 35 d.C., y su muerte en 68 d.C.*)

14 años. (Gálatas 2:1)

3 años

Pablo había estado en Corinto dos veces y estaba planificando una tercera visita. Piensa en la razón que tuvo para retrasar esta visita.

Reflexiona en lo que aprendiste al marcar *escribí*. Al notar cada referencia al hecho de que Pablo les había escrito antes, trata de descubrir por qué les escribió y en parte, qué tiene que ver eso con el motivo por el cual les escribe nuevamente.

Anota los temas principales de los capítulos 1 y 2 en el cuadro del PANORAMA GENERAL DE 2 CORINTIOS.

SÉPTIMO DÍA

Guarda en tu corazón: 2 Corintios 1:3,4.

Lee y discute: 2 Corintios 1:1-11 y 2:1-11 (tómalo como un solo pasaje).

PREGUNTAS PARA LA DISCUSIÓN O ESTUDIO INDIVIDUAL

∾ ¿Qué aprendiste de 2 Corintios 1 en cuanto a las angustias y aflicciones? Reflexiona en lo que enseña el texto, haciendo las seis preguntas básicas.

∾ ¿Por qué crees que Pablo habla del tema de las aflicciones y del consuelo desde el inicio mismo de su carta?

   a. ¿Dónde se encontraba Pablo cuando se vio en gran manera abrumado por las tribulaciones?

   b. ¿Qué tan grandes fueron sus aflicciones?

   c. ¿Estaba solo cuando sufrió estas aflicciones?

   d. ¿Cuál fue según Pablo, su fuente de ayuda en esas circunstancias?

᦮ De acuerdo con lo estudiado esta semana, ¿cuál crees que fue la razón que tuvo Pablo para escribir esta epístola a los corintios?

᦮ Según el pasaje de 2 Corintios 2:1-11, ¿por qué les había escrito antes?

᦮ De acuerdo 2 Corintios 2:6-11, ¿que parece haber sucedido y qué debían hacer ellos ahora? ¿Por qué? Sé específico en tu respuesta, menciona los versículos o pasajes que apoyan tu respuesta.

a. ¿Qué aprendiste en cuanto al enemigo, Satanás, en este pasaje?

b. ¿Qué importancia tiene el perdón? ¿Por qué?

᦮ 2 Corintios es una epístola que nos permite conocer la constitución de un hombre de Dios. Por lo tanto, aprende lo más que puedas acerca de Pablo en esta epístola. ¿Qué aprendiste al marcar todas las referencias a Pablo (y Timoteo) en estos primeros dos capítulos?

Pensamiento para la Semana

¿Qué clase de fragancia exhala tu vida? ¿Tu estilo de vida, la manera cómo respondes ante las aflicciones y sufrimientos y la forma cómo te relacionas con las demás personas, manifiesta el olor grato del conocimiento de Cristo?

¿"Vendes" o "corrompes" la Palabra de Dios? ¿La desprecias con tu manera de vivir, tus apetitos y relaciones o perciben las personas la sinceridad de tu entrega al Señor?

Por favor nota, que aunque puedes ser un olor grato de Cristo para algunos, para otros más bien serás un olor de muerte. Tu vida estará tan opuesta a la vida de ciertas personas impías, que te detestarán por tu conducta recta y tu confesión y proclamación del glorioso evangelio de Jesucristo.

No te desanimes por esto. Ya sea que exhales olor de vida para vida a los que creen u olor de muerte a muerte para los que no creen y desearían deshacerse de ti, tú eres olor grato de Cristo para Dios.

En todos tus sufrimientos y aflicciones, Dios estará contigo para consolarte. Sólo recuerda que cuando abundan las aflicciones también abunda la consolación. Pero esa consolación no será sólo para ti, sino también para otros, porque al ser consolado por Dios sabrás cómo consolar a los demás. Que tu entera confianza se base en la santidad y sinceridad y en la gracia de Dios y que te comportes de manera que demuestres tu verdadera relación con el Señor.

¿Qué Relación Tienes con el Nuevo Pacto? ¿Qué Precio Has Tenido que Pagar?

ດຈ ດຈ ດຈ ດຈ

PRIMER DÍA

Para que tengas una mejor perspectiva de por qué se escribió esta epístola, lee los capítulos 1 al 7 de 2 Corintios. Si encuentras alguna referencia a esto, subráyala o márcala de manera que se distinga.

SEGUNDO DÍA

La lectura de los capítulos 10 al 13 te dará una idea de la relación de Pablo con los corintios, así como una mejor comprensión del propósito que lo llevó a escribirles. También obtendrás una visión panorámica de todo el libro al leer estos cuatro capítulos. Una vez más, si ves alguna referencia en cuanto a su propósito al escribirles, márcala o subráyala de manera que resalte.

TERCER DÍA

Lee 2 Corintios 3 y marca cualquier referencia al autor o autores y destinatarios. Marca también las palabras *suficientes*[5] o *suficiencia*[6]. Luego regresa al 2:16 y marca la palabra *capacitado*[7]. Anota en tu cuaderno todo lo que aprendas acerca del autor, los destinatarios y su capacidad.

CUARTO DÍA

Lee otra vez el capítulo 3. Marca cada referencia al *Espíritu* y a los pronombres relacionados. Así mismo la palabra *velo*. Vuelve después al 1:22 y marca también la palabra *Espíritu* que aparece allí.

Observa los dos ministerios mencionados en este capítulo y cómo son llamados o descritos, es decir, ¿qué términos o sinónimos se utilizan para definirlos? Luego con un color o manera distinta para cada uno, marca las referencias a estos dos ministerios, para que puedas distinguirlos entre sí. No olvides marcar cualquier pronombre que se refiera a ellos. Luego, haz una lista en tu cuaderno, acerca de lo que este capítulo enseña, referente a cada uno de estos ministerios o pactos.

QUINTO DÍA

Lee 2 Corintios 4. Marca las siguientes palabras: *velado*[8], *afligidos*[9], *aflicción*[10], (marca estas palabras como marcaste *aflicción* y *afligido* en los capítulos 1 y 2), *evangelio*, *muerte*, *vida*. Marca también la palabra *ministerio*, según el ministerio que es y cómo lo hayas marcado en el capítulo 3.

SEXTO DÍA

Lee los capítulos 3 y 4 nuevamente y esta vez marca cualquier referencia a *Jesucristo* (*Jesús, Señor, Cristo*). Asegúrate de incluir cualquier pronombre relacionado. Haz una lista en tu cuaderno de todo lo que aprendas de

Él en estos dos capítulos. (¿Marcaste la referencia a Satanás como *el dios de este mundo*[11]?).

Por último, no olvides anotar los temas de los capítulos 3 y 4 en el cuadro PANORAMA GENERAL DE 2 CORINTIOS.

SÉPTIMO DÍA

Guarda en tu corazón: 2 Corintios 4:16-18.
Lee y discute: 2 Corintios 3:1-4; 4:15-18.

Preguntas para la Discusión o Estudio Individual

ॐ De tu lectura panorámica de 2 Corintios esta semana y de 2 Corintios 3:1 específicamente, ¿qué observas que está sucediendo entre Pablo y los creyentes de Corinto? ¿Qué versículos puedes utilizar para apoyar tu observación?

ॐ ¿Cuáles son los dos pactos (ministerios) presentados en 2 Corintios 3 y cómo se describen?

ॐ ¿Qué propósito tuvo Moisés al cubrirse el rostro con un velo cuando descendió del Sinaí después de recibir la ley?

    a.   ¿Qué aprendes en este pasaje acerca del Antiguo Pacto?

    b.   ¿A que ministerio de Pablo se refiere el 4:1?

    c.   ¿Qué aprendes en estos dos capítulos en cuanto a los que no reciben o no creen en el Señor Jesucristo?

ॐ En 2 Corintios 4, Pablo dice dos veces que ellos no desmayan. ¿Qué podía hacerlos desmayar? ¿Qué podía evitar que desmayaran?

∾ ¿Qué aprendiste al marcar las palabras *muerte* y *vida* en 2 Corintios 4? ¿Cómo puedes aplicar a tu propia vida lo aprendido?

∾ ¿Qué aprendes sobre las aflicciones (dificultades) en 2 Corintios 4?

∾ ¿Qué aprendes acerca del Señor Jesucristo como consecuencia de marcar todas las referencias a Él en estos dos capítulos?

Pensamiento para la Semana

¡Qué llamamiento tan grandioso tienes como hijo de Dios: El privilegio de ser un siervo del Nuevo Pacto! El pacto ministrado por ti no es un pacto de muerte y condenación, sino de vida, justicia y del Espíritu.

El Antiguo Pacto sólo podía mostrar al hombre su pecado y tratar de controlarlo para evitar que pecara, pero el Nuevo Pacto es otra cosa.

El Nuevo Pacto no sólo da vida, sino que también nos otorga el Espíritu de Dios. Y del Espíritu de Dios viene nuestra competencia:

∾ El Espíritu nos trae libertad.

∾ El Espíritu nos transforma a la imagen de nuestro amado Señor Jesucristo al contemplar Su gloria.

∾ El Espíritu mora en estos inútiles vasos de barro terrenales.

∾ El Espíritu nos lleva a situaciones de muerte donde la vida de Cristo se puede manifestar con tanta claridad, de manera que otros también puedan ver y desear tener a Jesús.

᠀ El Espíritu nos sostiene en esos momentos de leve aflicción, produciendo en nosotros un eterno peso de gloria, mucho más allá de toda comprensión.

᠀ El Espíritu nos capacita para ver más allá de lo temporal, a lo eterno.

¡Padre celestial, gracias por este ministerio! ¡Qué podamos mantener nuestra mirada puesta en la eternidad!

¿Qué Gobierna Tu Manera de Vivir y Tu Relación con Los Demás?

❧❧❧❧

PRIMER DÍA

¿Cuáles son las cosas invisibles que debes mantener siempre presente? ¿Cuáles son las cosas que debes saber y recordar? Lee 2 Corintios 5 y escribe después en tu cuaderno estas preguntas y respuestas.

SEGUNDO DÍA

Lee 2 Corintios 5:1-10 y observa que Pablo habla de dos moradas diferentes. Marca cada una de manera distinta y después, en tu cuaderno, escribe qué son estas moradas, qué sucede en ellas y cómo se produce todo esto.

Marca la palabra *Espíritu* y observa qué papel juega en todo esto.

✍️

TERCER DÍA

Lee otra vez el capítulo 5 y marca todas las referencias (al) autor(es). Marca también la palabra *reconciliación* (*reconcilió*, *reconciliado*, *reconcíliense*) cada vez que aparezca.

Lee nuevamente el capítulo y marca todas las referencias a los corintios. Escribe en tu cuaderno de notas todo lo que aprendas acerca de él(los) autor(es) y los destinatarios.

✍️

CUARTO DÍA

Lee nuevamente el capítulo 5 y marca todas las referencias a Jesucristo. Luego, haz una lista en tu cuaderno de todo lo que aprendas como resultado de marcar estas referencias acerca de Él. Al terminar, medita en lo que observaste y luego habla con el Señor sobre las cosas que observaste.

✍️

QUINTO DÍA

Lee los capítulos 6 y 7 y marca todas las referencias acerca de el(los) *autor(es)* y los *destinatarios*. Si crees que al utilizar Pablo los pronombres "nosotros" o "nos" se está refiriendo a los autores y destinatarios, combina los colores que has estado usando para cada uno de ellos al marcar las referencias. Así podrás ver de qué manera los autores se relacionan con los destinatarios o de qué manera los incluyen en todo lo que están diciendo.

Lee ahora otra vez de principio a fin, los capítulos 6 y 7. Al hacerlo marca las siguientes palabras clave: *consuelo*[12] (*consuela*, *consoló*, *consolado*) y *aflicción*[13], *entristecidos*[14]. Marca también la palabra *tristeza*[15] y observa el contraste entre las dos clases de tristeza. Tal como lo has hecho antes, marca también de la misma manera la palabra *escribí* y *carta* (ya que una carta fue lo que Pablo escribió).

❦

SEXTO DÍA

Escribe en tu cuaderno de notas todo lo que has aprendido acerca de el(los) autor(es) y los destinatarios. De esta manera tendrás más información en cuanto a la relación de Pablo con los corintios y también una mejor comprensión en cuanto al origen de los problemas en Corinto.

Anota los temas de los capítulos 5, 6 y 7 en el PANORAMA GENERAL DE 2 CORINTIOS.

❦

SÉPTIMO DÍA

Guarda en tu corazón: 2 Corintios 5:8-10 y 2 Corintios 5:21.

Lee y discute: 2 Corintios 5, Romanos 14:7-12.

PREGUNTAS PARA LA DISCUSIÓN O ESTUDIO INDIVIDUAL

∾ ¿Qué aprendiste del capítulo 5 en cuanto a la muerte y lo que ocurre cuando muere un creyente?

   a. ¿Qué efectos tenían estas verdades sobre Pablo y Timoteo?

   b. ¿Qué sabían ellos que les esperaba después de la muerte?

   c. ¿Qué trascendencia tienen las acciones de un cristiano?

∽ Discute lo que enseñan 2 Corintios 5:10 y Romanos 14:7-12 en cuanto al Tribunal de Cristo. Examina estos versículos a la luz de las seis preguntas básicas.

∽ Según 2 Corintios 5, ¿qué gobernaba la vida de Pablo?

a. ¿A qué conclusión había llegado Pablo y cómo afectaba esto su relación con los que ahora pertenecían a Cristo?

b. ¿Qué crees que quiso decir Pablo con: "Nosotros de aquí en adelante a nadie conocemos según la carne"[16]?

∽ ¿Qué ministerio tenía Pablo y Timoteo? Explica lo que aprendiste al marcar las referencias en cuanto a la reconciliación.

∽ ¿Cuáles son las diversas formas en que Pablo y Timoteo se recomiendan como ministros del Señor? Al observar las recomendaciones que aparecen en 2 Corintios 6:1-10, observa cómo las llama Pablo en 4:17.

∽ De todo lo que estudiaste esta semana, ¿por qué crees que los corintios demostraban poco afecto hacia Pablo y Timoteo?

∽ ¿Cuáles fueron algunas de las situaciones y emociones con las que Pablo y Timoteo tuvieron que tratar? Según ellos, ¿como lo hicieron?

∽ ¿Cuáles son las dos clases de tristeza que se mencionan en el capítulo 7? ¿A qué lleva cada una de ellas?

∽ ¿De qué manera animan Pablo y Timoteo a los corintios, a pesar de los conflictos que habían experimentado en la iglesia?

~ ¿Qué puedes aprender de este ejemplo que te sirva de ayuda en cuanto a tus relaciones personales, en especial en tu relación con los que pudieran criticarte por diversas razones?

PENSAMIENTO PARA LA SEMANA

El cristianismo de Pablo no era solo teología. Él se apegó a la verdad de todo corazón. La estudió, conoció y vivió. Su mirada estaba puesta en la eternidad. Estaba muy consciente que después la muerte, le aguardaba la vida y por eso jamás se dejó dominar por el temor a la muerte. Es cierto que Pablo nos dice al comienzo de esta epístola que había perdido la esperanza de conservar la vida y que había sentencia de muerte sobre ellos. Pero aun en esas circunstancias, Pablo veía una oportunidad que le presentaba el Señor: La de no confiar en sí mismo, sino en Dios. Pablo estaba totalmente convencido que en el mismo momento de abandonar su cuerpo, él estaría con el Señor y la muerte sería absorbida por la inmortalidad. Por eso, la pasión que lo impulsaba era agradar a Dios, ya sea que estuviera en el cuerpo o presente ante el Señor.

Pablo también sabía que algún día él, junto con los demás cristianos, comparecerían ante el Tribunal de Cristo. Así como había un *bêma* (tribunal) en Corinto, había también otro en el cielo. Por eso Pablo "temía" al Señor lo suficiente como para vivir a la altura de lo que Él esperaba. Pablo vivía para Dios, no para los hombres ni para sí mismo. Había experimentado el perdón de Dios y el amor de Cristo y ese conocimiento se había apoderado de él y lo dirigía. Ese conocimiento lo obligaba a cumplir su propósito: Proclamar el ministerio de la reconciliación.

Este propósito fue una de las razones que le impidió dar

por perdidos a los corintios. Él no podía dejar a un lado "lo bueno" que tenían, por lo malo que había en ellos y que lo hacía sufrir. Seguiría amándolos abrieran o no su corazón. Los había engendrado en Cristo y jamás los abandonaría, aunque muchos lo criticaran y dudaran de la autenticidad de su ministerio. En todo lo que Pablo había sufrido, se había recomendado a sí mismo como siervo de Cristo y no se detendría ahora. Sería quien debía ser. No dejaría de ser sincero con ellos aunque esto le causara tristeza. No renunciaría a la responsabilidad que le había dado Dios para con ellos. Los corintios también comparecerían ante el Tribunal de Cristo y Pablo no deseaba que fueran avergonzados.

Por lo tanto, se mantuvo firme, aun frente a los incrédulos que había entre los corintios que deseaban apartarlos de él y negar la autoridad y el liderazgo que había recibido de Dios; Pablo no estuvo dispuesto a ceder. Si había que hacer algo, lo haría, pero siempre dentro de los limites de la verdad que creía y vivía.

Cuando te encuentres en una relación personal difícil, solo sigue el ejemplo de Pablo sin importar el costo. Vive lo que crees y recuerda que hay Uno solo a quien debes agradar siempre y éste es nuestro Señor.

¿Qué Importancia Tienen Para Ti las Personas? ¿Hasta Dónde Llega Tu Amor por Ellas?

෧ඁ෧ඁ෧ඁ෧ඁ

PRIMER DÍA

Lee 2 Corintios 8 y 9 y al hacerlo marca la palabra *gracia*[17]. Presta atención a toda palabra que tenga que ver con "la gracia de Dios que ha sido dada en las iglesias de Macedonia." (2 Corintios 8:1), es decir, con el donativo que Pablo desea que los corintios lleven a cabo. Marca estos términos sinónimos de igual manera que *gracia*.

Después de leer este capítulo, haz una pausa y medita en lo que sucede con los corintios en este punto. Luego anota en tu cuaderno a qué gracia o donativo se refiere Pablo.

SEGUNDO DÍA

Lee nuevamente 2 Corintios 8 y 9 de principio a fin y en tu cuaderno de notas haz un cuadro con tres columnas usando los siguientes encabezamientos: LOS MACEDONIOS, CRISTO Y LOS CORINTIOS. Escribe ahora en el cuadro lo que aprendas en cuanto a las iglesias de Macedonia. (Pablo estaba en Macedonia cuando escribió 2 Corintios). Después, haz una lista de lo que aprendas en cuanto al ejemplo de Cristo, tal como aparece en estos capítulos. Mañana seguiremos con los corintios.

_____

TERCER DÍA

Lee otra vez 2 Corintios 8 y 9 y marca todas las referencias que encuentres sobre los corintios. Luego, en el cuadro que hiciste ayer, escribe lo que aprendas acerca de los corintios en cuanto al ministerio para con los santos: El ministerio de dar.

_____

CUARTO DÍA

¡Una última lectura de 2 Corintios 8 y 9! Lee nuevamente estos dos capítulos y haz una lista en tu cuaderno de todos los principios relacionados con el ministerio de dar. Verás que esta lista será provechosa, esclarecedora y práctica. Cuando termines de hacerla, pídele a Dios que te enseñe a vivir de acuerdo con lo que enseñan estos capítulos.

Si dispones de tiempo, mira otros pasajes del Nuevo Testamento y reflexiona en lo que enseñan acerca de aquellos que se dedican a predicar el evangelio. Estos pasajes son: Gálatas 6:6-10; 1 Corintios 9:3-11; 1 Tesalonicenses 5:12,13; Efesios 4:28 y 1 Timoteo 5:8; 6:17-19. Al leer, haz una lista en tu cuaderno de todo lo que aprendas.

_____

QUINTO DÍA

Lee 2 Corintios 10 y marca cada referencia al autor. Nota a qué asunto regresa Pablo. ¿Qué otra información puedes obtener en este capítulo sobre la situación de Pablo en la iglesia de Corinto?

SEXTO DÍA

Lee 2 Corintios 10 y esta vez marca todas las referencias a los corintios. Escribe en tu cuaderno de notas todo lo que aprendas.

Pablo utiliza la palabras *alaba(n)*[18], *recomendamos*[19] y *recomendación* a lo largo de 2 Corintios. También usa las palabras *alegro*[20], *gloríe*[21], *jactado*[22] y *jactancia*[23]. Consulta cada una de las referencias mencionadas a continuación y marca estas palabras (y sus variantes) de manera distinta, si todavía no las has marcado en tu Biblia. La próxima semana veremos cómo se usa otra vez la palabra "gloriarse".

Recomendarnos 3:1
Alaban 10:12, 10:18
Recomendamos 4:2; 5:12; 6:4
Recomendación 3:1
Alegro 9:2
Gloríe 10:8, 13, 16, 17
Jactado 7:14
Jactancia 7:14; 9:3
Jactarnos 8:24
Gloriamos 10:15

Al terminar, reflexiona en lo que aprendas al marcar estas palabras y escribe tus conclusiones en el cuaderno. No olvides anotar el tema del capítulo 10 en el PANORAMA GENERAL DE 2 CORINTIOS.

~~~~

SÉPTIMO DÍA

Guarda en tu corazón: 2 Corintios 10:3,4, preferiblemente 10:3-5.

Lee y discute: 2 Corintios 10:1-12.

Preguntas para la Discusión o Estudio Individual

∾ ¿A qué tema vuelve Pablo después de 2 Corintios 8 y 9?

   a. ¿Qué indica esto en cuanto a la seriedad de este asunto que tiene relación con Pablo?

   b. ¿Cuál fue el tema de 2 corintios 8 y 9?

   c. ¿Menciona Pablo nuevamente este tema en el capítulo 10? ¿Cómo? (Observa 2 Corintios 10:13-16).

∾ De la lectura del capítulo 10, ¿cómo crees tú que ve Pablo esta dificultad con los corintios? ¿Qué clase de conflicto es éste?

∾ Según 2 Corintios 10:3-6, ¿qué debe hacer una persona en esta clase de batalla?

∾ En base a este capítulo, ¿cómo definirías una potestad o fortaleza?

∾ ¿Crees que hay personas hoy que tienen potestades o fortalezas de ideas o creencias equivocadas? ¿Cuáles pueden ser? ¿Qué forma pueden tomar?

∾ ¿Qué forma tomaron en el caso de Pablo?

a. ¿Qué se decía acerca de Pablo que pudiera él creer o bien someterse a Dios y Su Palabra? ¿Qué escogió Pablo?

b. ¿Qué resultado tuvo su elección?

c. ¿Qué crees que habría sucedido en la vida de Pablo o en su ministerio si hubiera escuchado o creído las mentiras del enemigo? Recuerda que su lucha era contra el enemigo, no contra carne y sangre.

∾ Si dispones de tiempo, consulta los siguientes versículos y anota lo que aprendas acerca del enemigo y algunas de sus tácticas:

a. Juan 8:44

b. Apocalipsis 12:10,11

c. Efesios 6:11,12

d. 2 Corintios 2:10,11

e. Efesios 4:25-27 (La palabra *oportunidad*[24] significa literalmente "lugar de ocupación")[25].

PENSAMIENTO PARA LA SEMANA

Parece ser, según 2 Corintios 10:4,5, que una potestad o fortaleza es una especulación (no un hecho), creencia o pensamiento contrario al conocimiento de Dios. Es contrario a lo que es Dios, a lo que dice y a lo que ordena; es lo que una persona decide creer, aceptar o abrazar, de tal manera que lo gobierna. Una fortaleza sería algo así como un puesto de mando de Satanás, porque él es mentiroso y padre de mentira. Él nunca ha soportado ni soportará la verdad. En realidad según Génesis 3:1, las primeras palabras dichas por el diablo, la serpiente antigua, que aparecen registradas fueron: "¿Con que Dios les ha dicho...?"

El enemigo obtiene una fortaleza cuando logra hacernos pensar de manera diferente a lo que enseña la Palabra de Dios. Por eso, el primer objetivo del enemigo es apartarnos de la Palabra de Dios para impedir que la conozcamos; para que ignoremos que somos amados incondicionalmente por Dios; para que no sepamos que fuimos escogidos en Cristo Jesús desde antes de la fundación del mundo. El enemigo no quiere que sepamos que somos de inestimable valor a los ojos de Dios; que no hay ninguna condenación ahora que estamos en Cristo; que somos nuevas criaturas en Cristo y que las cosas viejas pasaron y que todas las cosas que nos ocurren en la vida son para nuestro bien.

¿Hay algunas fortalezas en tu vida que necesitas destruir? ¿Cuáles son? ¿Dejarás que el enemigo se haga fuerte en tu pensamiento o tomarás las armas de la batalla para utilizarlas contra él? Recuerda que "mayor es Aquél que está en ustedes que el que está en el mundo" (1 Juan 4:4). Al príncipe de este mundo le queda apenas un poco de tiempo... Cristo reinará para siempre. Permite que el Señor reine en cada aspecto de tu pensamiento y tu ser. Créele a Dios.

Es por esto, amado, que Cristo oró: "Padre...No Te ruego que los saques del mundo, sino que los guardes del maligno. Ellos no son del mundo, como tampoco Yo soy del mundo. Santifícalos en la verdad; Tu palabra es verdad." (Juan 17:1,15-17).

El pecado se origina en la mente. Por eso Satanás apunta a tu mente. Satanás había dirigido sus ataques contra la mente de algunos en Corinto y la iglesia corría el peligro de prestarles atención o de creer lo que estaban diciendo. Nada habría alegrado más a Satanás que lograr apartarlos de Pablo, de su autoridad, sus enseñanzas y su amor, entonces podría zarandearlos como a trigo.

El diablo está empeñado en destruir las relaciones y lo está logrando, simplemente porque no estamos siguiendo el ejemplo de Pablo. No estamos llevando cautivo todo pensamiento a la obediencia a Cristo, ni estamos prestos para castigar toda desobediencia. Pablo, aunque tenía de qué gloriarse, no estuvo dispuesto a ceder ante las mentiras del enemigo, sino que siguió amando, dedicado a su labor y dando testimonio de la Verdad.

¿Dónde te encuentras en todo esto? Hay una fuerte batalla en la mente de los hombres, porque cual es su pensamiento tal es el hombre. Satúrate de la Palabra de Dios, créela y vívela según ella manda. Sí, es una batalla, pero Dios te llevará siempre triunfante, si permites que Él sea quien te dirija.

¿DE QUÉ TE GLORIARÁS: DE TUS CONOCIMIENTOS O DE TUS DEBILIDADES?

PRIMER DÍA

Lee 2 corintios 11. Tal como lo hiciste la semana pasada, marca todas las referencias a *gloriarme*[26] y *glorían*[27] (*glorié*[28], *gloriaré*[29]). Marca además de manera distinta, todas las referencias a Satanás (y también todos los pronombres y sinónimos relacionados). Así como marcaste la palabra Satanás, marca también todas las menciones a los espíritus relacionados con él. Regresa al capítulo 10 y marca la referencia a *contienda*[30] de igual manera. Al terminar, añade a la lista de tu cuaderno todo lo que aprendas en cuanto a gloriarse.

SEGUNDO DÍA

Hoy, lee nuevamente 2 corintios 11 y marca cada referencia al autor(es) y los destinatarios. Escribe en tu cuaderno todo lo que aprendas sobre ambos en este capítulo.

Al terminar, reflexiona sobre lo que Pablo y Timoteo están diciendo en este capítulo. ¿Percibes una mayor intensidad en sus palabras? ¿Qué ves hacer a Pablo en este capítulo? ¿Te indica este capítulo qué importancia le da Pablo a lo que está sucediendo en Corinto en cuanto a él, a su papel y sus relaciones con la iglesia que hay allí?

101

Reflexiona en lo que aprendas sobre este hombre de Dios y en lo que incluso un líder piadoso puede sufrir. Identifícate con Pablo. Aprende de Pablo. Persevera como Pablo.

TERCER DÍA

Lee 2 Corintios 11:30-12:21 y marca la palabra *gloriarse*[31] (*gloriarme*[32], *gloriaré*[33]) como lo has venido haciendo. Marca, además, cada referencia a Pablo.

Observa la ironía que Pablo usa al escribir este capítulo. Ella te ayudará a descubrir en qué consistía la acusación que algunos hacían contra él.

CUARTO DÍA

Lee otra vez el capítulo 12. Marca la palabra *gracia* y observa su relación con poder. Marca asimismo cualquier referencia a Satanás.

Después de leer y marcar este capítulo, reflexiona en lo que está escrito en los primeros diez versículos. Examina esta experiencia a la luz de las seis preguntas básicas.

QUINTO DÍA

Lee todo el capítulo 12 una vez más y ahora marca todas las referencias a los destinatarios de la epístola. Luego escribe todo lo que aprendas acerca de Pablo y los destinatarios.

En este punto de tu estudio, sería provechoso que observaras las referencias a Satanás que has marcado en 2 Corintios y haz una lista en tu cuaderno de notas de todo lo que te enseñan. Al terminar, piensa de qué manera te pueden ayudar estas observaciones.

SEXTO DÍA

Lee 2 Corintios 13 y marca todas las referencias a los destinatarios y al (los) autor(es). Marca en este capítulo cualquier palabra clave que hayas venido marcando a lo largo de la epístola.

Observa cómo compara Pablo la "debilidad" de la que es acusado, con su debilidad ante el Señor.

¿Qué percibes al aproximarse Pablo al final de esta epístola? ¿Qué contraste hay entre la manera de comenzar y de terminar?

Por última vez, añade a la lista de tu cuaderno la nueva información acerca de el(los) autor(es) y los destinatarios. Cuando dispongas de tiempo, será provechoso repasar esta lista y meditar en ella, en especial en todo lo que dice esta carta acerca de Pablo. En realidad ésta es la anatomía de un hombre de Dios, alguien a quien tú y yo podemos imitar.

No olvides anotar los temas de los capítulos 11, 12 y 13 en el PANORAMA GENERAL DE 2 CORINTIOS.

SÉPTIMO DÍA

Guarda en tu corazón: 2 Corintios 12:9,10.
Lee y discute: 2 Corintios 11:1-4,12-15; 12:1-10.

PREGUNTAS PARA LA DISCUSIÓN O ESTUDIO INDIVIDUAL

◦ Según 2 Corintios 11:1-4, ¿qué le preocupaba a Pablo de la iglesia de Corinto?

a. ¿Por qué sentía celos por ellos?

b. ¿Ves alguna similitud entre 2 Corintios 11:2 y 1 Corintios 4:14,15?

c. ¿Qué tan susceptibles eran los corintios a Satanás? ¿Piensas que la descripción de ellos que aparece en 1 Corintios 3:1-4 y 1:11,12 refleja por qué eran tan susceptibles?

◦ ¿Qué aprendes del enemigo en 2 Corintios 11:12-15?

◦ Describe las experiencias vividas por Pablo, según aparecen en 2 Corintios 11:23-12:10.

a. ¿Qué aprendes del paraíso y del tercer cielo según este pasaje?

b. ¿Qué piensa Pablo de esta experiencia?

c. ¿Obtuvo Pablo provecho de esta experiencia? ¿Te da esto cierto modelo o ejemplo a imitar con respecto a los que afirman hoy haber tenido una experiencia similar?

d. ¿Qué aprendes acerca de "un mensajero de Satanás" en este pasaje?

e. ¿Qué aprendes sobre la gracia en este pasaje? ¿Qué tan suficiente o poderosa es la gracia?

f. ¿Cómo podría Pablo ser fuerte cuando era débil?

g. ¿Qué puedes aprender de todo esto al observar tu propia vida?

◦ Al llegar Pablo al final de su epístola, ¿notaste algún cambio en su manera de tratar a la iglesia de Corinto? ¿Por qué crees que lo hizo?

∾ ¿Qué aprendiste como resultado de hacer una lista acerca de los corintios? ¿De qué manera habló Dios a tu corazón, ya sea para alertarte, amonestarte, reprenderte o fortalecerte?

∾ ¿Qué crees que está expresando Pablo en 2 Corintios 13:5? ¿Piensas que conviene que las personas que dicen conocer a Cristo se prueben a sí mismas? Explica tus razones, luego piensa si éstas son bíblicas o simplemente emocionales o el producto de tu razonamiento.

∾ ¿Qué aprendiste en esta epístola en cuanto a nuestra responsabilidad mutua como cristianos? ¿O a la responsabilidad de un cristiano mayor frente a uno más joven? ¿O a ser un padre espiritual para los que son nuevos en la fe?

∾ ¿Qué aprendiste de Pablo y Timoteo sobre qué significa servir al Señor plenamente? ¿Qué te habló más como resultado de hacer listas de las experiencias de estos hombres?

∾ Al llegar al final de este estudio, piensa de qué manera estas verdades pueden afectar tu estilo de vida. Si el estudio se hace en grupo, sería bueno que terminaran orando los unos por los otros.

PENSAMIENTO PARA LA SEMANA

Algún día verás cara a cara a tu Esposo celestial. ¿Qué clase de novia serás ese día? ¿Serás una que se ha conservado pura y se ha preparado un hermoso vestido de lino fino por sus acciones justas, como dice Apocalipsis 19:7-9?

Ese día está más cerca de lo que te imaginas, tus días sobre la tierra son sino como vapor que se desvanece, comparado con toda la eternidad junto al Señor Jesucristo. Estamos viviendo en los últimos días, en la consumación de los siglos.

Cuando veas al Señor cara a cara, ¿estarás acompañado de otros, de quienes podrás gloriarte con gloria santa, porque los llevaste a Cristo, los engendraste y los cuidaste como un buen padre cuida a sus hijos?

¿Les has dado un modelo a seguir, el modelo de ser y permanecer como un siervo de Dios, a pesar de los obstáculos,   dificultades y debilidades? ¿Les has demostrado la suficiencia y poder de su gracia divina lo cual se perfecciona en tus debilidades?

Si es así, tú escucharás: "Bien, siervo bueno y fiel... entra en el gozo de tu señor" (Mateo 25:21). ¡Y habrá gozo y una eterna gloria incomparable!

Puesto que has recibido el ministerio del Nuevo Pacto y también has recibido misericordia, no te desanimes. Por el contrario, di como Pablo: "Más bien hemos renunciado a lo oculto y vergonzoso, no andando con astucia, ni adulterando la palabra de Dios, sino que, mediante la manifestación de la verdad, nos recomendamos a la conciencia de todo hombre en la presencia de Dios." (2 Corintios 4:2).

PANORAMA GENERAL DE 2 CORINTIOS

Tema de 2 Corintios:

DIVISIÓN POR
SECCIONES

		TEMA POR CAPÍTULOS
		1
		2
		3
		4
		5
		6
		7
		8
		9
		10
		11
		12
		13

Autor:

Transfondo Histórico:

Propósito:

Palabras Clave:

NOTAS

༄༅༄༅

1 Corintios

1 NVI *fuerza*;
   RV *potencia*
2 NVI orgullo
3 RV60 *labranza*
4 NVI *sembré*
5 RV60 *fornicación*;
   NVI *inmoralidad sexual*
6 RV60 *fornicarios*
7 RV60 *fornicaciones*;
   NVI *inmoralidad*
8 RV60 *doncella*;
   NVI *soltera, doncella, joven, prometida*
9 RV60 *tiene cuidado*
10 NVI *orgullo*
11 NVI *enorgullecerme*
12 NVI *no quiero*
13 NVI *antepasados*
14 RV60 *murmuréis, se quejaron*
15 NVI *elogio, elogiarlos*
16 NVI *condena*
17 RV60 *examinásemos*;
   NVI *examináramos*
18 RV60 *desavenencia*
19 NVI *diversos*
20 RV60 *predicado*

21 NVI *según las Escrituras*
22 NVI *muerte*
23 NVI *levantado*
24 NVI *muerte;*
    RV60 *duermen*
25 RV60 *amare;*
    NVI *amo*
26 NVI *sean valientes;*
    RV60 *portaos varonilmente*

2 CORINTIOS

1   NVI *sufren*
2   RV60 *aflicciones*
3   RV60 *contristo*
    NVI *entristezco*
4   RV60 *tribulación;*
    NVI *tristeza*
5   RV60 *competentes;*
    NVI *competentes*
6   RV60 *competencia;*
    NVI *capacidad*
7   RV60 *suficiente;*
    NVI *competente*
8   RV60 *encubierto;*
    NVI *encubierto*
9   RV60 *atribulados;*
    NVI *atribulados*
10 RV60 *tribulación;*
    NVI *sufrimientos*
11 RV60 *dios de este siglo*
12 RV60 *consolación;*
    NVI *animado*

13 RV60 *tribulaciones*;
14 RV60 *contristados*;
    NVI *triste*
15 RV60 *contristé*; *contristados*;
    NVI *entristecí*
16 NVI *no consideramos a nadie según criterios meramente humanos*
17 NVI *gracia, donativo*
18 NVI *recomiendan*
19 NVI *recomendándonos, acreditamos*
20 RV60 *glorío*;
    NVI *orgullo*
21 NVI *jactarme*
22 RV60 *gloriado*;
    NVI *orgulloso*
23 RV60 *gloriarnos*;
    NVI *elogios; orgullo*
24 RV60 *ocasión*;
    NVI *pretexto*
25 *Spiros Zodhiates define oportunidad como "hacer espacio"*
26 RV60 *gloria*;
    NVI *orgullo*
27 NIV *jactan ; ufanan*
28 NVI *jactarme*
29 NVI *lo haré, jactaré*
30 RV60 *milicia*;
    NVI *luchamos*
31 RV60 *gloriarme*;
    NVI *jactarme*
32 RV60 *gloriarse*;
    NVI *jactarme*
33 NVI *jactaré; hacer alarde*

Acerca De Ministerios Precepto Internacional

Ministerios Precepto Internacional fue levantado por Dios para el solo propósito de establecer a las personas en la Palabra de Dios para producir reverencia a Él. Sirve como un brazo de la iglesia sin ser parte de una denominación. Dios ha permitido a Precepto alcanzar más allá de las líneas denominacionales sin comprometer las verdades de Su Palabra inerrante. Nosotros creemos que cada palabra de la Biblia fue inspirada y dada al hombre como todo lo que necesita para alcanzar la madurez y estar completamente equipado para toda buena obra de la vida. Este ministerio no busca imponer sus doctrinas en los demás, sino dirigir a las personas al Maestro mismo, Quien guía y lidera mediante Su Espíritu a la verdad a través de un estudio sistemático de Su Palabra. El ministerio produce una variedad de estudios bíblicos e imparte conferencias y Talleres Intensivos de entrenamiento diseñados para establecer a los asistentes en la Palabra a través del Estudio Bíblico Inductivo.

Jack Arthur y su esposa, Kay, fundaron Ministerios Precepto en 1970. Kay y el equipo de escritores del ministerio producen estudios **Precepto sobre Precepto,** Estudios **In & Out**, estudios de la **serie Señor**, estudios de la **Nueva serie de Estudio Inductivo**, estudios **40 Minutos** y **Estudio Inductivo de la Biblia Descubre por ti mismo para niños.** A partir de años de estudio diligente y experiencia enseñando, Kay y el equipo han desarrollado estos cursos inductivos únicos que son utilizados en cerca de 185 países en 70 idiomas.